Peter A. von Frank

Etwas über die Wahlkapitulationen in den geistlichen Wahlstaaten

Aus Veranlassung des Entschlusses, eine beständige Wahlkapitulation für das

mainzische Erzstift zu errichten

Peter A. von Frank

Etwas über die Wahlkapitulationen in den geistlichen Wahlstaaten
Aus Veranlassung des Entschlusses, eine beständige Wahlkapitulation für das mainzische Erzstift zu errichten

ISBN/EAN: 9783743692268

Hergestellt in Europa, USA, Kanada, Australien, Japan

Cover: Foto ©Suzi / pixelio.de

Weitere Bücher finden Sie auf **www.hansebooks.com**

über die

Wahlkapitulationen

in den

geistlichen Wahlstaaten.

Aus

Veranlassung des Entschlusses,

eine

beständige Wahlkapitulation

für das

mainzische Erzstift

zu errichten.

Von

der Feder eines Unpartheyischen.

Frankfurt am Main 1788,

bey Varrentrapp und Wenner.

Die Mängel der geistlichen Wahlstaaten soll man bessern, das Bild selbst aber in seiner Schönheit erhalten.

Edler von Sartori in dem Vorberichte zur Fortsetzung der statistischen Abhandlung über die Mängel in der Regierungsverfassung der geistlichen Wahlstaaten, und von den Mitteln, solchen abzuhelfen. Augspurg 1787.

Verbesserungen.

Seite 23 Not. bb) cap. 27. X. *de jurejur.* statt jures.
— 28 Zeile 6 welche, statt welcher.
— 29 Not. ff) cap. 27. X. *de jurejur.* statt de jure.
— 61 Zeile 2 freystellte: statt frey, stellte.
— 75 Zeile 15 es statt se.
— 76 Zeile 15 Landstandschaften statt Landschaften.
— 80 Zeile 21 Not. ccc und ddd statt c und d.
— 84 Zeile 14 Regierung statt Rgeierung.
— 105 Not. z Zeile 1 de 1039 statt 1209.
— 105 Zeile 14 vor andern statt verändern.

An den Leser. *

Ein Freund und die Zeitumstände forderten mich auf, über das Kapitulationswesen in den geistlichen Staaten etwas ernsthafter nachzudenken, als ich je Lust dazu hatte. Ich schrieb, ohne zu wissen, was in der Kapitelsstube vorgieng; ohne jetzt noch zu wissen, was vorgegangen ist; oder noch ferner vorgehen wird. Ich schrieb nur nach allgemeinen Verhältnissen, nur aus Veranlassung des menschenbeglückenden und öffentlich bekannt-gewordenen Entschlusses, eine beständige Wahlkapitulation für das mainzische Erzstift zu errichten. Das ist die Geschichte des Geburtsbriefes dieses schriftstellerischen Etwas.

Vergebens zählt ein Schriftsteller bey der Auswahle eines solchen Thems auf allgemeinen Beyfall, da, wo das Interesse

der

---

* Den gutgeneigten Leser ersuche ich, erst nach durchlesener Abhandlung diese Vorrede zu lesen; oder noch einmal zu lesen.

der streitenden Parthien und ihrer Anhänger das freye Urtheil gefesselt hat. Es kömmt hinzu, daß wir — ich rede jetzt nur über den Kapitulationsgegenstand in Rücksicht auf das weltliche Regiment — noch keine bestimmte gesetzliche Bestimmungen in dieser Materie haben, welches aber grade darinnen seinen Grund haben mag, daß vom Ursprunge der Landeshoheit her „ein jeder der besondern teutschen Staaten in „seiner innern Einrichtung, so fern nur nichts gegen die Reichs-„gesetze, oder gegen vertragsmäßige, oder andere Gerechtsame „anderer Reichsmitglieder dabey vorgieng, aufs vollkommenste „seiner eigenen Freyheit, oder Autonomie überlassen blieb, „so fern diejenigen, die darüber zu sprechen haben, unter sich „verstanden waren." * Kein Wunder also, wenn bey diesem Stillschweigen der Reichsgesetze ein jeder der streitenden Theile sich ein System nach seinen Neigungen und Wünschen nobelte: daher die verschiedenen, zum Theile sich seltsam durchkreuzenden Meinungen, die ein jeder leicht wahrnehmen kann. Ohne Anspruch auf allgemeinen Beyfall glaubt jedoch der Verfasser

* Pütters historische Entwicklung der heutigen Staatsverfassung des teutschen Reichs 2. Th. S. 167. II. Diese wichtige Grundbetrachtung wird in der Abhandlung selbsten noch nähere Aufschlüsse erhalten.

faſſer dieſer Abhandlung einen Dank, den Dank zu verdienen, daß er dieſen Gegenſtand, ohne irgend jemanden, weder
dem Reichshofrathe, den Landesherrn, oder den Domkapiteln
die Cour zu machen, blos nach ſeiner beſten Einſicht und der
ſtrengſten Unpartheylichkeit mit teutſcher und einer in öffentlichen Druckſchriften erlaubten Freymüthigkeit behandelt hat.
Vielleicht beweiſet auch dieſe Schrift, daß noch ein eigener Ge-
ſichtspunkt übrig war, aus welchem man die Kapitulationsbefugniß der teutſchen Domkapitel, und ihrer verfaſſungsmäßigen
Gränzen, betrachten könne, und den man bisher zu ſehr, ich
möchte ſagen, beynahe gänzlich, vernachläßiget hat.   Vielleicht
bringt eben dieſe Schrift eine neue Ideenaſſeciation in den
Umlauf; oder veranlaſſet doch wenigſtens ein erneuertes Nach-
denken über einen der wichtigſten Gegenſtände des Territorial-
ſtaatsrechts; oder veranlaſſet gar — ich wünſche es ſelbſten zur
Steuer der Wahrheit — eine beſondere Prüfung der in dieſer
Schrift enthaltenen Grundſätze.   Wenn ſich der Verfaſſer dieſer Abhandlung etwa hie und da durch politiſche oder publici-
ſtiſche Träumereyen ſollte haben einwiegen laſſen: ſo war es
doch für ihn ein ſehr ſüßer Traum; da er für das Wohl vieler Tauſenden ſeiner teutſchen Mitbürger geträumet hat.   Mir
deucht noch, daß in dieſer Abhandlung auch das Mittel liege,
den bisherigen Streitigkeiten großentheils ein Ende zu machen,

wenn nur die streitenden Hauptparthien und ihre Allirte keine
andere Wünsche, als nur zur gemeinen Wohlfart haben. Und
sollte es je einmal über die bey Abfassung der Wahlkapitulationen zu beobachtenden gesetzlichen Normen auf dem Reichstage zur Berathschlagung kommen, Heil dir, teutsches Vaterland, wenn deine Bewahrer noch eben so sehr für die Erhaltung
und Befestigung der bürgerlichen Freyheit der landesunterthanen besorget seyn werden, als es die in dem Tempel der teutschen Freyheit verewigten Konstituenten des Grundgesetzes des
Westphälischen Friedens waren!!

Das teutsche Reich ist aus weltlichen Erb- und geistlichen Wahlstaaten zusammengesetzt. Die Geschichte dieser geistlichen Wahlstaaten ist in mehr, als einer Rücksicht, als wichtiges Bruchstück zur Geschichte der Menschheit anzusehen: weder wage ich es mit einem philosophischen Machtspruche zu entscheiden, wessen Verdienste in dem Buche der Menschheit mehr glänzen, des Priesters mit dem Stabe, oder der Mächtigen mit dem Schwerte an der Seite. Aus Volkslehrern wurden Gerichtsherrn; aus fränkischen und teutschen Gerichtsherrn endlich Landesherrn. Die schon in verflossenen Zeiten, hie und da auch in öffentlichen Schriften bedrohte Zernichtung der geistlichen Staaten bereitet allmählich auch den Untergang der teutschen weltlichen Staaten: da dieser ihr Daseyn auf keinen festern und heiligern Grundsäulen ruht, als das rechtliche Daseyn der erstern. Das Recht des Stärkern ist eine nicht zu sättigende Hyäne, welche bey Tage und Nacht auf frische Beute ausläuft.

A   Z.

sache
eines
lichen
sherrn,
dert im
seinen.

Zwo Haupteigenschaften sind in dem Subjekte eines geistlichen Landesherrn vereinigt: die Eigenschaft eines Kirchenprälaten in dem viel redenden Sinnbilde eines guten Hirten, und die eines Landesherrn aus Gottes, Kaisers und des Volks Gnade, mich im Geiste der vorigen Zeiten und der entstandenen Landeshoheit, mich in der Sprache des Kanzleistils für das neunzehnte Jahrhundert auszudrücken. Die Hoheit dieser Landesherrn ist nicht Sultanismus; sie ist eine sehr weislich und glücklich gemäßigte landesväterliche Hoheit; gemäßigt durch die Reichs- und die besondere Landesverfassung; gemäßigt durch den menschenbeglückenden und gemeinschaftlichen Endzweck aller wohl regierten Staaten. Ein viel umfassendes Wort, dessen eigenthümliche Bedeutung uns erst die Philosophie der neuern Zeiten entwickelt, und in seiner vollen Stärke dargestellt hat.

olitische
h der
lichen
ten im
meinen
en.

Die geistlichen Staaten nach ihrem politischen Werthe erwogen: so war die Politik noch nie mit Untersuchung der Mängel derselben, und ihrer Bilanz zu den weltlichen Regierungen, so sehr beschäftigt, als auf Veranlassung einer von dem sehr verdienten Freiherrn von Bibra aufgestellten Preisfrage. a) Noch ehe die Preisfrage aufgestellt war,

schrieb

---

a) Im zwölften Stücke des Journals von und für Teutschland 1785: „Da die Staaten der „geistlichen Reichsfürsten Wahlstaaten und „über

schrieb der durch Schriften und Schicksale berühmte

A 2   Frei-

„über dieses größtentheils die gesegnetesten
„Provinzen von ganz Teutschland sind; so
„sollten sie von Rechtswegen auch der weisesten
„und glüklichsten Regierung genießen. Sind sie
„nun nicht so glücklich, als sie seyn sollten;
„so liegt die Schuld nicht sowohl an den Regen-
„ten, als an der innern Grundverfassung.“

„Welches sind also die eigentlichen Män-
„gel? und wie sind solche zu heben?“
Folgende Schriften kamen aus Veranlassung
dieser Preisfrage zum Vorscheine: 1) Ueber die
Regierung der geistlichen Staaten in Teutschland von F. L. Freiherrn von Moser. 2)
Ueber des Hrrn von Mosers Vorschläge zur
Verbesserung der geistlichen Staaten in Teutsch-
land vom Hofr. Schnaubert 1788. 3)
Auch etwas über die Regierung der geistlichen
Staaten in Teutschland 1787. 4) Preisfrage
beantwortet von Ernst von Klenk 1787.
5) Staatistische Abhandlung über die Mängel
in der Regierungsverfassung der geistlichen
Wahlstaaten und von den Mitteln, solchen abzuhelfen. 1787. Der Verfasser dieser von dem
Freiherrn von Dalberg und dermaligen
Coadjutor des Erzstiftes Mainz unter den um
den Preis ringenden Abhandlungen gekrönten
Schrift ist Joseph edler von Sartori. Der
hämische Seitenblick auf den patriotischen Fraag-
steller, auf den in der Staatenkunde der geistlichen Staaten gewißlich nicht unerfahrnen Preis-
kämpfer und den erlauchten Preisrichter in den
Beiträgen zur Verbesserung der Kirchenpolizey in Teutschland 2 Th. 1 Kapit. 2 § verdient alle Verachtung 6) Fortsetzung der staa-
tistischen Abhandlung über die Mängel in der
Regierungsverfassung der geistlichen Wahlstaaten von Sartori 1787.

Freiherr von Moser: b) „Von der Bilanz der geistlichen und weltlichen Regierungen in Teutschland läßt sich schwer und nur mit vieler Behutsamkeit und Einschränkung urtheilen. Es giebt gute und böse Fürsten, gute und schlimme Bischöffe, die Heiligen unter beiden werden immer selten bleiben. Im Durchschnitte genommen, bleiben aber für das Land und die Unterthanen geistlicher Kur- und Fürsten allemal diese unschäzbaren und des höchsten Dankes würdigen Vorzüge, daß 1) diese Herrn gemeiniglich erst in gesezten Jahren zur Regierung gelangen, wo mildere, sanftere, für Menschenwohl und Glück empfindsamere Gesinnungen die Oberhand gewinnen, wo durch die frühe und längere Zubereitung ihre Einsichten und Erfahrungen mehrere Reife und Konsistenz erlangt haben, und wo, nach dem gewohnten Gange menschlicher Denkungsart, Liebe zum Ruhm und Nachruhm andere rauschende und schädliche Leidenschaften verdrängt. Träfe es sich nun, daß ein solcher Herr gleichwohl just sich von einer schlechten und schlimmen Seite zeigt; so behält das Volk doch den Trost: Er wird es nicht lange machen; ein Trost, den viele Unterthanen weltlicher Fürstenthümer bey ihren traurigen Regenten auf immer entbehren müssen. 2) Gemeiniglich sind einem geistlichen Fürsten die Hände gebun-

---

b) Im patriotischen Archive für Teutschland 2 B. S. 6 u. f. (1785.)

gebunden, sein Land zu drücken und zu unterdrücken, nicht aber, das mögliche Gute auch wirklich zu thun. 3) Der Dämon unserer Zeiten, der Soldatengeist, welcher jeden das Maas habenden Jüngling zum väterlichen Haus hinaus trummelt, ist aus den Landen geistlicher Fürsten verbannt, dem Feldbaue, den Fabriken u. s. w. wird kein brauchbarer Unterthan entzogen, und ihre Soldaten sind wenigstens für dieses Jahrhundert gesichert, für das Vaterland nur leben zu dürfen. „Auch nachdem sich dieser durch seine Staatstheorien und häufige Erfahrungen sehr ehrwürdig gewordene Schriftsteller die Verfassung der geistlichen Staaten zum eigenen Gegenstande des Nachdenkens bestimmet hatte, schrieb er noch im Jahre 1787: c) „Fehlt in den Regierungsverfassungen geistlicher Staaten vieles, das besser seyn könnte; so fehlt dagegen auch viel schlechtes und schlimmes, und ins Ganze genommen, kann der Weydspruch: Unterm Krummstaab ist gut wohnen, in Vergleichung mit den größten weltlichen Staaten Teutschlands noch jetzo als Lob und Wahrheit gelten. „Wenn aber Moser sein politisches Glaubensbekenntnis dahin ablegt, daß die geistlichen Wahlstaaten ohne eine Umwandlung in weltliche Wahlstaaten nie vollkommen ge-

nesen

---

c) In der Schrift: Ueber die Regierung der geistlichen Staaten in Teutschland S. 70 u. f.

nefen könnten; so hat er mehr geantwortet, als ge=
fragt wurde: oder mit deſſen eigenem Ausdrucke aus
der Vorrede zu reden, er hat höher geſungen, als
die Noten lauteten: aber ſo hoch geſungen, daß ich
mich nicht entſchließen kann, ihm, noch weniger
aber ſeinem Prüfer, dem Herrn Hofrathe S ch n a u=
be r t nachzuſingen, der die geiſtlichen Wahlſtaaten
in erbliche Fürſtenthümer umſchaffen will. Ich
ſehe es als einen bewährten Erfahrungsſatz an, daß
noch nie ein Staat war, der ſich einer in aller
Rückſicht ganz vollkommenen Grundverfaſſung rüh=
men konnte; und daß eine jede Regierungsform ihre
eigene politiſche Gebrechen habe, welche theils gar
nicht, theils nur ſehr ſchwer zu heilen ſind. Iſt es
ohne Widerrede die einfache Stimme der Vernunft,
und beſtgemeinte Abſicht in der Grundverfaſſung
der Wahlſtaaten, daß nur der treflichſte unter den
Wahlfähigen der Fürſt und Vater des Volks werde:
ſo ſah man doch auch dieſe reinſte Abſicht durch die
verdorbenen Neigungen der Menſchen ſchon manch=
mal vereitelt. Preiſe man hingegen die Vorzüge
der weltlichen Erbſtaaten noch ſo ſehr: ſo trägt doch
eben dieſe ſo ſehr geprieſene Regierungsform das un=
heilbare Gebrechen ſchon auf der Stirne, daß die
Regenten in dieſer Verfaſſung gebohren werden,
welchen politiſchen Grundſatz M o ſ e r als eine
Verirrung des menſchlichen Verſtandes anſieht. d)
Im Grunde kömmt alſo alles Unterſuchen und
Streit

d) In der angef. Schrift S. 103.

Streiten über den politischen Werth der Grundver=
fassung der geistlichen Wahlstaaten, nicht sowohl
auf einzelne Gebrechen und Vorzüge, als auf die
ganze Summe der heilbaren oder unheilbaren Ge=
brechen an, und ob nicht diese Staaten wenigstens
eines eben so hohen Grades politischer Vollkommen=
heit fähig seyn, als von vielen den weltlichen Staa=
ten vorzugsweise beigelegt wird. Sicherlich gehö=
ren die meisten der Gebrechen, welche man in den
geistlichen Wahlstaaten wahrnimmt, — ich möchte
sagen, beinahe alle — nur in die Klasse der zufäl=
ligen und heilbaren. Mir scheint daher auch, nach
unbefangener Prüfung, die von einigen projecktirte,
von mehreren aber gewünschte und heimlich genähr=
te Umschaffung zur Erzielung des bemerkten Grades
von politischer Vervollkommnung weder räthlich,
noch nöthig, ohnediß mit ausserordentlichen recht=
lichen Schwierigkeiten verpaart, welche weder Mo=
ser, noch dessen Prüfer mit gänzlicher Beruhigung
des kaltblütigern Publikums durchaus gehoben hat.
Des lezteren patriotischer Aufruf, wo er die geist=
lichen Reichsstände ihren weltlichen Mitständen aus=
bietet, und die ganze hohe Reichsversammlung zum
Hochschmause |bittet, reizte den Herausgeber des
Staatenjournals von und für Teutschland so
sehr, daß er in einem staatsrechtlichen Eifer seinem
Leser zurief: e) Gott behüte uns vor einem solchen
Kommentator des W. Friedensschlusses! Seit der Auf=

A 4   hebung

---

e) In der Vorrede zum fünften Jahrgang.

hebung des egoistischen Ordens, welche, wie in manchem anderm, so auch für die Wohlfahrt der geistlichen Staaten Epoche geworden ist, wie erquickend
und wohlthätig waren nicht für einige dieser Staaten
die Früchte der Aufklärung! Wir sahen Anstalten
reifen, welche noch vor Aufhebung dieses berühmten
Ordens unglaublich schienen: und was für politische
Wunder kann und wird das Mittagslicht der fort-
rückenden Aufklärung in diesen Staaten noch wirken,
so daß der vortrefliche göttingische Recensent der gedachten Moserischen Schrift keinen Zwang fühlte,
mit offenherziger Theilnehmung und menschenfreund-
licher Wärme zu erklären: f) „Auch ohne jene Revolution hoffen wir, daß die immer wachsende Aufklärung, wo nicht alle, doch die meisten Unvollkom-
menheiten der geistlichen Staaten mindern, und
daß eben diese Staaten vielleicht schon in der näch-
sten Generation ein Gegenstand des Neids der weltlichen Regierungen seyn werden. Selbst Verbesserungen in Schulwesen und Policeysachen sind nicht so
schwer, als sie scheinen; Recensent könnte mehrere
protestantische Länder nennen, wo Armen- und Bet-
telpolicey ohne Vergleichung weniger gut ist, als im
Fuldaischen, und besonders in der Stadt und dem
Stifte Würzburg, wo der jetzt regierende, für das
Beste seiner Unterthanen unermüdet thätige Fürst
Einrichtungen und Verbesserungen gemacht hat, die
gewiß

---

f) Im 29 St. der götting. gelehrten Anzeigen
vom Jahre 1787.

gewiß die Bewunderung und Nachahmung von ganz Teutschland verdienen. " Und so dürfte am Ende der ganze Streit über die Vorzüge und Mängel der geistlichen Wahlstaaten, ohne eine Erschütterung in der Grundverfassung zu begünstigen, mit dem Ausspruche meines Freunds Pope g) sich schlichten lassen;

> For Forms of Government let fools con-
> test;
>
> What e'er is best administer' dis best,
>
> Laß streiten, welche Form des Staats die beste
> sey;
>
> Der wohlverwalteten leg ich den Vorzug bey.

Der weisen Vorsehung sey Dank, welche uns nach der von dem Herausgeber des Journals von und für Teutschland in Schriften veranlaßten politischen Friction jetzt schon zu einem ernsthaften Versuche hinführt, wenigstens einen Theil der wirklichen oder möglichen Staatsübel von dem ersten der geistlichen Staaten, in der Zukunft aber durch dieses wirksame Beispiel vielleicht auch von andern, auf immer zu verscheuchen. Der 1ste April des Jahres 1787 war der heitere Tag, an welchem die Mainzer in der Person des bisherigen Statthalters zu Erfurt, des Freyherrn von Dalberg, dieses vielgeliebten Menschenfreundes, geschätzten Schriftstellers, und geübten Staatsmannes ihren künftigen Landesvater bestimmt sahen, welche glückliche Eräugnis durch die am 5.

Nächste Veranlassung dieser Abhandlung.

A 5　　　　Junius

---

g) *Essay on Man*, *epistle* 3.

Junius erfolgte feyerliche Koadjutorswahl besiegelt
ward. Man zählt es unter die Eigenheiten der
geistlichen Staaten, daß dem Neuerwählten — die=
ses ist auch bey gewählten Koadjutoren im Brauche
— eine Kapitulation als Norm der künftigen, so=
wohl geistlichen, als weltlichen, Regierung vorgelegt
wird; und man weis es allgemein, daß die Kapitel
der Hauptkirchen in dem Besitze des wichtigen Vor=
rechtes sind, diese Norm abzufassen. Aber für dieß=
mal gieng man von dem gewöhnlichen Wege ab,
und der Neugewählte beschwor nur, die Punkte zu
befolgen, welche ihm das Kapitel zu seiner künftigen
Norm noch vorlegen würde, weil das Kapitel den
ruhmvollen Entschluß gefaßt hatte, nicht blos eine
temporelle, sondern mit des gewählten Koadjutors so=
wohl, als des Kurfürsten Beiwürkung eine beständige
Kapitulation abzufassen. Wirklich fieng man auch,
dem öffentlichen Vernehmen nach, im letzten Gene=
ralkapitel des abgewichenen Jahres, im Monate De=
cember des J. 87, mit vollem Ernste darüber zu be=
rathschlagen an. Wichtig, Menschenbeglückend ist
dieser Entschluß, bey dem man alle Mißbräuche aus
den vorigen Zeiten auf einmal vergißt, derer man
sich je beym Kapitulationsgeschäfte mag schuldig ge=
macht haben; da durch eine zweckmäßige perpetuam
so manchen wirklichen Gebrechen gesteuert, so manche
Hindernisse der Menschenbeglückung verbannt, und
überhaupt die Wohlfahrt der geistlichen Staaten durch
dieses politische Vehiculum mit Nachdrucke beschleunigt

und

und befördert werden kann. Erhabene Mitglieder des erlauchten erzſtiftiſchen Domkapitels! Groß iſt euer Vorrecht, beſchwerlich eure Pflicht!! Nicht minder groß die Aufmerkſamkeit des patriotiſchen und denkenden Publikums auf euer Unternehmen, von dem das Wohl vieler Tauſenden abhängt; und welches keinen eurer Schritte für das Andenken der Poſterität unbemerkt läßt.

„Die Urſachen, welche die gute Domkapitel bewogen haben, an Kapitulationen zu denken, — ſo drückt ſich ein gelehrter und unpartheiliſcher Schriftſteller aus — ſind, man mag Freund, oder Feind davon ſeyn, nicht zu verwerfen. In jenen Staaten, wo der Biſchof bey dem Hirtenſtab auch das Schwert in der Hand hatte, wo er durch die weltliche Macht gleich dasjenige ausführen konnte, was ihm in den Sinn kam, zu jenen Zeiten, wo die Gerechtigkeitspflege wegen der Zerrüttung des Staates entweder unmöglich, oder äußerſt beſchwerlich fiel, da galt es manchmal den Domkapiteln, den Kirchengütern, und dem ganzen Land, daß Sie auf ihre und andere wohlhergebrachte Gerechtſame, Befugniſſe, Hab und Gut ein wachſames Aug warfen. Es waren Biſchöfe, die ſicher glaubten, wenn ſie einmal auf dem Stuhl ſaßen, dieſen an ihre Verwandte durch allerley Wege zu bringen; andere, die ihre Familien bereichern, und auf eine halbe Ewigkeit über alle Gefahr eines folgen könnenden Mangels wegſetzen wollten. Dieſen war nichts, was der Kirche oder dem Staate

ge-

Einige Reflexionen übe die Entſte bung unt Rechtsbeſtän digkeit de Wahlkapitulationen i den geiſtliche Wahlſtaaten

gehörte, zu heilig, was sie nicht ihren Blutsfreun-
den zuschanzten. Andere waren mit der Vergröße-
rungssucht befallen, griffen um sich, und setzten alles in die schädlichste Verwirrung. Wieder andere
brachten ihren Groll auf den bischöflichen Thron mit,
und wollten alles, was nicht wich, zerschmettern;
Vorrechte, die durch Jahrhunderte bestätigt waren,
Gerechtigkeiten und wohlhergebrachtes Herkommen,
gesetzmäßige Freyheiten und Befreyung waren nicht
sicher, wo ein böses Herz von der äußerlichen Gewalt
oder durch verborgene Ränke unterstützt ward. Die
Erbsünde der Thronen, der Stolz, der sich keine
Schranken, keinen Damm vorziehen lassen will, ver-
folgte auch in einer so langen Reihe von Zeiten hier
und da den Bischoffen bis in die Kirche, er wollte
allein herrschen, überall durchsetzen, und weder Rath
noch Vorstellungen annehmen: das Bewustseyn, daß
nach ihm keiner von seinem Blut, sondern etwan ein
abgeneigter Regent folgen würde, benahm ihm alle
Furcht, etwas zu verderben, und dergleichen hun-
dert Ursachen, Verhältnisse und Umstände mehr
machten Kapitulationen an und vor sich selbst betrachtet, halb unentbehrlich. "

Doch hat man noch zur Zeit keine ältere Kapitulationen in den geistlichen Wahlstaaten, als aus dem
13 Jahrhunderte, entdecken können, und das Recht
zu kapituliren lag noch in der Wiege, als schon der
Mißbrauch sich zugesellte. Mit dem in der Folge
erweiterten Stoffe der Wahlverträge grif auch der
leidige Mißbrauch um sich; und der Mißbräuche
wurden

wurden am Ende so viele, daß sie in den Beschwerden der Nation unter Karl V, h) und in den nachher erfolgten, von einigen so betitelten, Fürstenkonkordaten von 1530 i) nicht ungerügt blieben. Sie
giengen, dem ungeachtet, noch ihren kühnen Schritt
fort, und erst in den nachherigen Zeiten ward mit
nachdrücklicherem Ernste, zum Theile auch mit wirk-
samerem Erfolge an die Hellung dieses kronischen
Uebels gedacht. Wer kennt nicht die Bulle des Kirchenoberhaupts, Innocenz XII vom 22 Sept.
1695, k) die allgemeine Resolution Kaiser Leopolds
an den päbstlichen Nuntius vom 9 Februar 1695, l)
und Kaiser Leopolds Kassationsrescript an den
Bischof von Würzburg vom 11 Septemb. 1698, m)
nebst dem Reichshofrathsurtheile in Sachen Würzburg contra Würzburg vom 16 Septemb. 1698, n)
und den neuern, besonders in den berühmten eich-
stätti-

h) *Gravamina Nat. german.* — recusa secun-
dum edit. coævam. Francof. & Lipsiæ 1778.
N. 85.

i) §. 22 und 23 bey *Brauburger* de formula reformationis eccles. (1782.) *pag.* 220.
sqt.

k) In deduct. *Factum & jus juramenti episcopalis* (1697.) N. 18. Auch in Fabers
Staatsk. T. 2. N. 2.

l) In der alleg. Deduktion N. 16. Auch bey
Lünig im R. Arch. T. 16. *pag.* 803.

m) In der alleg. Deduktion *pag.* 445. u. f.
Auch bey Ickstadt Tom. 2. opusc. *pag.* 493.

n) Bey Ickstadt am a. O. *pag.* 496. N. 3.

ftättifchen o) und fpeyrifchen p) Streitigkeiten er=
gangenen Reichshofrathsverfügungen? Aber vom
unterfagten Mißbrauche eines Rechtes ift keine
rechtliche Folge auf das Recht felbften; fo wenig
man von den unförmlichen Auswüchfen eines gefun=
den Stammes auf den Stamm felbften fchließen
darf. Die Mißbräuche abgerechnet, fo wird es
daher nun niemand befremden, wenn die Rechtsbe=
ftändigkeit der ftiftifchen Wahlkapitulationen nicht
nur in dem befondern Falle von Osnabrück, q)
sondern

---

o) Reichshofraths Refolution vom 2 März 1759
bey Mofer im perfönlichen Staatsrechte 1
Th. S. 114. u ff. Auch bey *Wedekind* in
diff. *de non reftringenda fuperioritate terri-*
toriali im Anhange. Heidelb. 1775.
r) Reichshofr. Conclufum vom 7. Auguft 1778
bey Mofer in den Zufätzen zum neuen
Staatsr. 3 Th. S. 358 und in Schlözers
Staatsanzeigen 3 Band, 10 Heft S. 214.
Das fehr merkwürdige RbRaths Conclufum vom
28 Aug. 1781 bey Mofer in den alleg. Zu=
fätzen S. 397 bey Schlözer am angef. O.
S. 215. u. ff. und bey Reuß in der t.
Staatsk. 7 Th. S. 293. Die wichtige RbRaths
Erkenntniß vom 23. April 1784 bey Schlözer
im 6. Bande 22 Heft N. 24 und bey Reuß
7 Th. S. 313. RbRaths Conclufum vom 11.
Aug. 1785 bey Reuß 11 Th. S. 130; vom
28. Aug. 1786 bey Schlözer im 9. Bande,
35 Heft N. 32, auch bey Reuß im 14 Th.
S. 47, und vom 12. Octobr 1787 in der
Mainzer Monatfchrift von geiftl. Sachen, 3
Jahrg. 11 Heft S. 869. u. f.
q) Art. 13. §. 3. I. P. O.

sondern auch überhaupt im 5 Artikel §. 17 r) an=
erkannt ist, zu welcher letzten Stelle der Publicist
Moser s) folgende Bemerkung macht: „Der Frie=
densschluß billigt also nicht nur überhaupt die bi=
schöflichen Kapitulationen, sondern er setzet auch
zum Grund und voraus, daß bey allen Wahlen
und Postulationen dergleichen Kapitulationen
errichtet werden, und giebt so gar selbsten einiges
an die Hand, so mit in alle dergleichen Kapitulationen
gebracht werden solle.“ Selbst durch die gedachte
Bulle Innocenz XII und die angeführten Erklä=
rungen Kaiser Leopolds steht die Rechtmäßigkeit
dieser Wahlverträge noch aufrecht; da, wie unten
noch deutlicher erhellen wird, das Kirchen= und
Reichsoberhaupt nie das Recht selbsten zu zernichten
dachten, sondern nur eine neue Form in Rücksicht
der Wahlverträge in der Art zu verfügen für räth=
lich fanden, daß solche nicht eher eine rechtliche
Verbindlichkeit haben sollten, bis sie dem Pabste,
was das Geistliche anbetrift, und dem Kaiser wegen
der

---

r) Postulati vero seu electi, *in capitulationi-
bus suis spondeant* se susceptos ecclesiasticos
Principatus, dignitates & beneficia nequa-
quam hæreditario jure possessuros, aut id acturos, ut hæreditaria fiant, sed libera sit ubique
capitulo & quibus id præterea pariter cum ca-
pitulo pro more competit, tam electio & po-
stulatio, quam sede vacante administratio &
jurium episcopalium exercitium.

s) Im persönlichen Staatsrechte der t. Reichs=
stände I. Th. S. 106. §. 62.

der Weltlichkeiten zur Untersuchung und Bestätigung wären vorgelegt worden, dadurch alle wirkliche und mögliche Mißbräuche in der Wurzel abzugraben. So ist endlich die Rechtsständigkeit der stiftischen Wahlverträge durch ein Jahrhunderte altes Herkommen und die offenkundige Praxis des Reichshofraths , in so weit dieser Gegenstand dahin geeigenschaftet ist, ohne Widerrede befestigt , wenn gleich die Epoche der vollkommenen Eintracht wegen der zu befolgenden Grundsätze zwischen dem Reichshofrathe und den Kapiteln noch nicht erschienen ist, vielleicht auch im ersten Jahrzehnte nicht erscheinen wird.

Vor allem ist , bey Fortsetzung dieser Abhandlung, nöthig anzumerken, daß die Kapitel bey Abfassung der stiftischen Wahlkapitulationen in einer doppelten Eigenschaft handeln ; in der Eigenschaft als Repräsentanten der ehemaligen Presbyterien in Rücksicht auf Gegenstände des geistlichen, als Repräsentanten des Volkes aber in Rücksicht auf Gegenstände des weltlichen Regiments. In dem unverdorbenen Geiste der Kirche ist das bischöfliche Ministerium eben so wenig willkührlich und despotisch, als das geistliche Regiment des allgemeinen Kirchenoberhaupts. „Schon Christus — lese ich bey einem wohlgesinnten Schriftsteller — verwirft diesen Despotismus: Die Könige der Völker herrschen über Sie; ihr aber nicht so. Schon die Apostel eifern gegen die *Dominantes in cleris turpis lucri gratia;*

und

und so weit unsere Denkmäler reichen, sehen wir den Bischof immer von seinem Presbyterium umgeben, ohne dessen Rath, und Gehähmigung Er nichts wichtiges unternehmen dorfte.." t) Ausser dem Antheile an den diöcesan Kirchenversammlungen, der sich wieder in seiner vollen Wirksamkeit äußern

wird

---

t) Schmeichler, Herrschsüchtige, Prophänen im ächten Geiste der Kirchenverwaltung gab es in vorigen Jahrhunderten sowohl, als heut zu Tage. So kann ich mir die so sehr vernachläßigte Idee der Presbyterien erklären. Es kontrastirt sehr, daß zu der Zeit, wo so vieles wider Rom aus dem Zeitalter der Verfassung der 1sten 8 Jahr hunderte deklamirt wird, an den Einfluß, den die alte Geistlichkeit in eben jenen über alles ge priesenen Zeiten in das Kirchenregiment der Bi schöfe hatte, nicht gedacht wird. Der Verfasser dieser Abhandlung ist weit entfernt, sie durch Anführung gelehrter Subsidien auszuzeichnen. Wer sich aber mit dem Geiste dieses den Tagen der alten und besten Kirche ganz koäben Ins stitutes vertraut machen will, der lese doch, vergleiche und beherzige, was der Verfasser des Buchs: *De antiquo jure Presbyterorum in regimine ecclesiastico,* Taurini 1678, was *Thomassin in vet. & nova Eccles. discipl.* P. I. lib. 3. cap. 7, *Gibert in corpore ju ris canonici Tom.* 1. *prolegomen. Titl.* 19, und vorzüglich der verewigte *Van Espen* im 5. Tom. s. *operum,* Parte 4, *disquisitione* 3. hierüber geschrieben haben. *Cabassutii* diss. *Quisnam fuerit priscorum Episcoporum Senatus ac Presbyterium, in disciplina po puli Dei Tom.* 1, p. 287. sqt füllt kaum ein Blatt aus. Vielleicht erleben wir noch die Zeit, daß Deputirte der ehemaligen Presbyterien auf irgendwo einem Kongresse erscheinen.

B

wird, sobald es die Hoheit der Bischöfe und der Kon-
sistorialräthe erlauben wird, solche zu berufen, giengen in der Folge die Rechte dieser Presbyterien durch
stillschweigende Uebertragung auf die erst später sogenannten Domkapitel über. Eine Veränderung,
die sich eigentlich im 10. und 11. Jahrhunderte zu
entwicklen anfieng. Diese historische Darstellung ist
so unbezweifelt, daß selbst in den Dekretalbriefen der
Päbste aus dem mittlern Zeitalter die sichtbarsten
Proben von den Rechten dieses engern Presbyteriums
aufbewahret sind: denn so auffallend es auch jedem
Beobachter seyn wird, daß nie der Rechte des Kapitels in diesen Dekretalen unter dem Namen des
Presbyteriums gedacht ist; weil es vermuthlich in
die geheime Politik der Päbste paßte, eine Idee zu
unterdrücken, welche auf eine ganz andere Kirchenverfassung zurückführte, als in jenen Zeiten des päbstlichen Potentats practicirt ward: so könnte doch die
Sache selbst, da sie zu eng in die Grundverfassung
der einzelnen Kirchen verflochten war, nicht gänzlich
unterdrückt werden. Ohnehin hätte es sich mit dem
Plane der unumschränkten Alleinherrschaft der Päbste
nicht vertragen, die Bischöfe, so sehr sie auch in diesen Zeiten darnach strebten, als eigenmächtige Selbst-
beherrscher ihrer Diöcesen aufsteigen zu lassen. Es
wurden demnach die Streitigkeiten, welche in der
Periode der ungestörten Wirksamkeit der Presbyterien
weder entstanden sind, noch entstehen konnten, die
aber jetzt in den mittlern Zeiten bey dem Bestreben
der Bischöfe zu einer unabhängigen Kirchenverwal-

tung

tung in Menge erschienen, durch päbstliche Aus=
sprüche geschlichtet; und der weitere Erfolg war,
daß dadurch die Basis zu einem neuen Systeme
gelegt, und der Einfluß des engeren Presbyteriums,
oder der Kapitel, auf die bischöfliche Regierung, be=
sonders durch die vielerley Künsteleyen der Glossato=
ren und Doktoren des neuen geistlichen Rechtes nur
auf bestimmte Fälle einer kapitularischen Berathung
oder Einwilligung eingeschränkt ward. Diesen Ver=
lust könnten jedoch die Kapitel leicht ertragen, wenn
nur nicht durch nachherige neuere Verhältnisse mit
Beyhülfe eines Schwarms absichtlicher Schriftsteller
in den meisten Erz= und Hochstiftern sich eine Praxis
gebildet hätte, oder doch eine solche mit einer durch=
greifenden Superiorität behauptet würde, welche
selbst von der Absicht und Meinung der rescribiren=
den Päbste ganz außerordentlich abweichet. Bey
dieser allgemeinen historischen Uebersicht kann es
nicht befremden, wenn die ehemaligen Presbyterien
in den Zeiten der besten Kirche unter der Benennung
eines Senates, eines glänzenden, eines gebohr=
nen Senates, wenn die Domkapitel in dem 10ten
Jahrhunderte unter dem Namen: *Senatus sanctiſſ-
mus* u) erscheinen; wenn der Pabst Alexander im
Jahre 1180 in seinem berühmten Dekretalbriefe den
Bischof und dessen Brüder, worunter die Kanonici
der Hauptkirche zu verstehen sind, als einen Leib,

B 2

den

---

u) *Ruotgerus in vita Brunonis,* bey
  Leibniz in ſcriptoribus rerum Brunſv.
  T. I. p. 276.

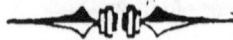

den Bischof als das Haupt, die Domherrn aber als
seine Glieder vorstellet, welche Dekretalis im folgenden Jahrhunderte auch der Sammlung der Dekretalen einverleibet ward; w) und wenn die Domkapitel noch in den jüngern Zeiten selbst von der
allgemeinen Kirchenversammlung zu Trient x) mit
dem Prädikate eines Senats der Kirche ausgezeichnet werden, zum feyerlichen Andenken, was diese
Repräsentanten der Presbyterien waren, sind, und
etwa bey einer glücklichern Fügung zusammenwir-
kender Umstände, mit oder ohne ihre ehemalige Kol-
legen im Presbyterium, im Geiste des ältern und
reinen Kirchenrechtes seyn könnten. Der Reichshofrath untersagte zwar dem Domkapitel von Speyer bey
Gelegenheit, daß sich dasselbe in einem Vorstellungs-
schreiben an den Fürsten wegen der Einführung einer neuen Steuergattung, der quartæ colonicæ,
den gebohrnen Senat des Fürstenthums Speyer nann-
te, den gänzlichen Gebrauch dieses Ausdruckes: y)
aber, aus der Veranlassung zu schliessen, eigentlich
nur in Rücksicht auf das rechtliche Verhältniß zum
Landesherrn; nicht in Rücksicht auf den kanonischen
Antheil an den Geschäften des Bischofs. Die Kognition
darüber läge ausser der Sphäre der Gewalt des
Reichshofraths, welche zu überschreiten der Reichs-
hof-

---

w) Titl. X. *de his quæ fiunt a Prælato* cap. 4.
x) *Seß.* 24 *cap.* 12 *de Reform.*
y) Rhraths *Conclusum* vom 28. August 1786.
membro 2, in Verbindung des Rhaths *concl.*
vom 28 Aug. 1781. memb. 2.

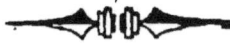

hofrath weder berechtigt, z) noch gesonnen ist; da er
selbst während dieser Streitigkeiten die Erkenntniß
über alle geistliche Gegenstände von sich abwies. aa)
Wirklich ist auch der Ausdruck ganz unbedenklich, so
lange dadurch nur das kanonische Verhältniß der
Domkapitel zum Bischofe bezeichnet wird. Wie nun
nicht selten eine Veränderung in der Staats= oder
Kirchenverfassung wieder andere nach sich zieht: auf

B 3   diese

---

z) *Resolutio Cæsarea pro Nuntio apostolico* de
9 Febr. 1695 in verbis: „Id quod sacra cæsarea Majestas de juribus solum ecclesiasticis,
quibus se *nullatenus* immiscere cogitat, di-
ctum esse putat.“

aa) Rhaths *conclusum* vom 7 Aug. 1778. memb.
I. „Wird implorantischer Hr. Fürstbischof in
„Ansehung der, der eingereichten Klage mit
„eingemischten, ad mere spiritualia gehörigen
„Objectorum, hier Orts abgewiesen.“ Womit
noch eine andere Erklärung des Reichshofraths
in *causa* Eichstädt vom 10 Decemb. 1749 zu
vergleichen ist, in den Worten: „Es könnten
übrigens Kais. Majestät gar wohl geschehen
lassen, daß er (der Herr Bischof) diese Wahls
kapitulation auch Ihro Päbstlichen Heiligkeit
quoad ecclesiastica vorlege; in dem Kais. Maj.
ohnehin zu Deroselben das vollkommenste Ver-
trauen hegeten, daß solche niemalen würden
zugeben, daß man bey Untersuchung der Kapi-
tulationsartikeln etwas sollte wegen denen von
Kais. Maj. alleinig herfließenden Temporalien
zu Rom verordnen; gleichwie auch Kais.Maj.
Ihres allerhöchsten Orts sich niemalen würs
de die Entscheidung über die zur geistlichen
Obrigkeit gehörige Sachen zueignen.“ Bey
Moser im persönlichen Staater. 1. Th. S.
97 und Struben in den Nebst. 3Th. S.449.

diese Weise geschah es auch damalen. Niemand war
bey dem unaufhörlichen Trachten der Bischöfe nach
einer freyern Kirchengewalt, und bey dem gelehrten
Despotismus der Doktoren des neuen geistlichen
Rechtes mehr betroffen als die Kapitel selbsten. Jede
Streitigkeit durch päbstliche Aussprüche entscheiden zu
lassen, war Umweg, und in mancher Rücksicht auch
mißlich. Da die gedachte Veränderung in die Zeit
fiel, wo die Wahl beynahe durchgängig schon in den
Händen der Kapitel war: so nahmen die Kapitel zu
einem Mittel ihre Zuflucht, das sie selbst in ihrer
Macht zu haben glaubten. Das nächste, und in
der damaligen Lage vielleicht auch das einzige, war,
dem Neugewählten eine Punktation, oder eine Kapitulation vorzulegen, welche mit ihren Absichten und
Wünschen übereinstimmte. Ein sehr gerechtes Mittel, wenn dadurch nur die Befestigung der zuständigen Rechte, und rechtmäßig erworbenen Freiheiten,
und das wahre Wohl der Kirche bezielet ward. Als
Repräsentanten der Presbyterien wird niemand den
Kapiteln das Recht bezweifeln, für die Wohlfahrt
der Kirche vorzüglich zu wachen, und sich bestmög-
lichst bey ihren eigenen Rechten und Freyheiten zu
schützen, wobey dann Verträge oder Kapitulationen
den Kapiteln erwähntermaßen das nächste und kräf-
tigste Mittel zum Zwecke schienen. Nur versahen es
die Kapitel darinnen, daß sie nicht selten mit allgemeinen Klauseln und Bestätigungen sich beruhigten,
wo es auf eine bestimmte Zergliederung der zuste-
hen-

henden Gerechtsame ankam, und wodurch sie in der
Folge sich selbst wieder manchen Streitigkeiten aus-
setzten. Nicht selten überfiel die Kapitel auch die
Lust, auf fremdem Acker einzuernoten, wodurch sie
den gerechten Tadel der unbefangenen Welt ohne
Widerrede verdienten. In der Quelle der Repräsentantschaft der ehemaligen Presbyterien finde
ich demnach den eigentlichen Rechtsgrund zur
Kapitulationsbefugniß in Beziehung auf die bischöfliche Regierung; so verschieden auch der Gang
war, den die Kapitel nach ihren verschiedenen Einsichten und Absichten bey der weitern Ausbildung
dieser Befugniß nahmen. Ich weis keinen bessern
ursprünglichen Rechtstitel anzugeben, und sehe einer
bescheidenen Zurechtweisung mit einer Unruhe entgegen, wenn man einen zuverläßigern ursprünglichen Rechtstitel angeben kann. Und so steht diese
Befugniß der Kapitel, in der Eigenschaft als enge-
rer Presbyterien, bis auf den heutigen Tag als ein
Stück der teutschen Kirchenverfassung durch die Kraft
des Herkommens nicht nur, sondern auch namentlich durch die Authorität Innocenzen XII noch
aufrecht; da dieser Papst nur wider die Mißbräuche
der Kapitulationen im Geistlichen, bb) mit Bey-

B 4 hülfe

bb) Wer den Gang und den Geist der päbstlichen
Gesetzgebung gehörig beurtheilen will, muß
mehrere Konstitutionen mit einander verbinden,
als das cap. 27 X de jure- von Innocenz
III im Jahre 1204; das Cap. 1 de jurejur.
in

hülfe und Unterstützung des kaiserlichen Ansehens, ec) geeifert hat. Um so mehr verdient es nun die ganze

---

in 6 von Nikolaus III; (1278) die Konstitution von Pius V mit den Anfangsworten: *Durum nimis* vom 3. May 1570; die Konstitution Gregors XIII: *Inter apostolicas* vom 5 Sept. 1584; endlich, und vorzüglich die Bulle von Innocenz XII vom 22 Sept. 1695. Innocenz, so sehr er auch wider die Wahlkapitulationen eiferte, unterstellte dennoch in seiner ganzen Bulle den Hauptsatz, daß es dem Junhalte nach rechtmäßige Kapitulationen gebe. Aber alle Mißbräuche mit einem Schlage zu zernichten, — ,,ad *penitus* extirpandum atque evellendum *abusum* capitulationum, concordatorum, seu statutorum quorumcunque, *quæ perperam* ac *adversus* sacrorum Canonum, & constitutionum Apostolicarum dispositionem, occurrente Ecclesiarum quarumlibet, præsertim cathredralium & metropolitanarum, seu monasteriorum quorumvis vacatione, ab iis, ad quos electio spectat, sive ante, sive post electionem prædictam interdum iniri, condi aut fieri consueverunt''— schien es diesem Pabste in seinem apostolischen Eifer räthlich und nöthig, eine neue Form beym Kapitulationsgeschäfte einzuführen und bey Strafe der Nullität nachdrücklichst zu verfügen: ne capitulationes, pactiones, conventiones, concordata seu statuta hujusmodi ante ipsam quidem electionem, seu etiam postulationem de cætero inire, condere, aut facere audeant quovis modo, seu præsumant: quæ vero electione, seu postulatione hujusmodi secuta quomodolibet iniri, condi, seu fieri contigerit, ad Nos, seu eundem Rom. Pontificem pro tempore existentem quamprimum deferri, atque ita nostro, & sedis apostolicæ judicio sub-

ganze Aufmerksamkeit aller Wohlgesinnten, den rechtmäßigen Gebrauch dieser Befugniß von dem Mißbrauche gehörig abzusondern.

Als

---

subjici præcipimus; *suspensa interim eorum omnium, & singulorum executione, donec & quousque ab eadem sede, sine cujus authoritate nihil omnino in similibus pacisci fas est, apostolicæ confirmationis robur in totum vel in partem receperint.*" „Ich weis aber nicht anderst — schreibt Moser im persönl. Staatsrechte 1 Th. 1. B. 1. Kapit. §. 59 — als daß die Kapitel hierinn dem Pabste ungehorsam seynd, dannoch ihren alten Gang fortgehen, und es darauf wagen, ob es ad statum contradictionis kommen werde oder nicht." Wenigstens ein Grund zu diesem Benehmen der Domkapitel ist vielleicht darinnen zu suchen, daß, so entscheidend und allgemein auch Innocenz in dieser Bulle spricht, es dennoch Kanonisten giebt, welche sich durch den heimlichen Weeg einer doktrinal Interpretation zum Meister über den Sinn des Pabstes in so weit gemacht haben, daß sie nicht alle und jede Kapitulationen der von Innocenz XII vorgeschriebenen Form unterwerfen. Vergl. Wiestners instit. jur. canon. lib. 1. titl. 6; Barthels opusculum: *canonica episcoporum germaniae constitutio* (1749) resol. 3, und den Verfasser des Artikels: Domkapitel in der deutsch. Encyclopädie 7 B. S. 462. Dahin deutet auch Benedict XIV, wenn er in s. Werke *de synodo dioecesana* lib. 13 cap. 12 §. 19. schreibt: „*Scimus quidem, non deesse Theologos, ac canonistas docentes, pacta & capitulationes iniri posse a Canonicis etiam ante Episcopi electionem, dummodo pacta seu conventiones, & capitulationes honestæ sint,*

&

Als allgemeine Regel ist anzunehmen, daß eine
solche Wahlkapitulation nicht gegen die Fundamen-
talge-

& non in privatorum commodum, sed in publicam tantummodo vergant utilitatem. Nec
desunt, qui exemplum adjiciant pactorum a
cardinalibus in conclavi ante Pontificis electionem initorum, — hisque praemissis, con-
tendunt, vetuisse quidem Innocentium XII pacta
& capitulationes, quae ante electionem fierent;
sed illius prohibitionem respicere tantummodo
illicita pacta, & potissimum ea, quae ad labe-
factandam imminuendamque episcopalem au-
thoritatem directa sint; nullatenus vero illa,
quae publicam utilitatem & providum ecclesiae
ac dioecesis regimen aperte respiciant." Diese
Einschränkung verdroß aber diesen Pabst so sehr,
daß er sie im Jahre 1754 in einem besondern
Breve ausdrücklich verwarf. Das Breve selbsten hat Benedict zuerst durch den Druck in
dem alleg. Werke am angef. O. §. 23 mitge-
theilt. Nur hätte Benedict auch dafür sorgen
sollen, daß sein Breve in partibus germaniae
wäre promulgirt worden, wovon man aber nicht
die geringste Spur findet. Es gehen demnach
die Domkapitel, meines Wissens, noch bis auf
den heutigen Tag den vom Moser bemerkten
Gang fort. Genug von diesem Streite über die
Form, den ich wegen des Zusammenhangs mit
der Hauptsache nicht konnte unberührt lassen.
cc) *Resolutio caesarea pro nuntio apostolico* de 9
Febr. 1695 in verbis: „Sacra caesarea Majestas percepit, qualem constitutionem sanctitas
sua circa irrepentes in Ecclesiis germaniae capitulationum *abusus* publicandam censeat; atque uti ea communicatio sacrae caesareae Maje-
stati pergrata fuit, ita cum persuasum plane
habeat, nihil dictae constitutioni adjectum
iri, quod vel Imperii juribus vel concordatis
ger-

talgeſ tze des Stifters der chriſtlich = hierarchiſchen
Kirche, gegen die gebietenden oder verbietenden ka=
noniſchen Satzungen der Päpſte, gegen die gebieten=
den, oder verbietenden Canones der allgemeinen
Kirchenverſammlungen, und die beſonderen rechtli=
chen Normen der teutſchen Kirchenverfaſſung dieſer
Art, nicht gegen den Endzweck und das wahre Wohl
der kirchlichen Geſellſchaft, noch gegen die Rechte
irgend eines dritten ſtreite. Dieſe Grundregel iſt ſo
tief in den allgemeinen Rechtsbegriffen, in dem ganzen
Zuſammenhange der allgemeinen und teutſchen
Kirchenverfaſſung, in dem gemeinſchaftlichen End=
zwecke aller moraliſch = rechtmäſigen Geſellſchaften,
und in der Abſicht der kirchlichen Geſellſchaft, ſo
tief in der Eigenſchaft der Kapitel als Repräſentan=
ten der ehemaligen Presbyterien und untergeordneter
Kirchenglieder gegründet, daß es keinem Kapitel im
Ernſte beyfallen kann, die angegebene Regel zn be=

ſtrei

germaniæ contrarium exiſtat, paternum hocce
& laudabile ſuæ ſanctitatis propoſitum *non
probat modo, ſed etiam pro cæſarei muneris
ſui ratione promovere ſtatuit,* eundemque
in finem declarat, quod &c.‘‘ Leopolds
Reſcript an den Biſchoffen von Würzburg
vom 11 Sept. 1698: „Wann aus nun Seine
päbſtliche Heiligkeit erſucht, dieſer Dero löbli=
chen Intention und heilſamen Verordnungen
die Kaiſ. Hand zu bieten, und wir dann ſel=
bige mit Vorbehalt der *Concordatorum
Germaniæ* auch unſerer und des Reichs Ge=
rechtſamen nicht improbiren können, da be=
vorab wir mißfällig wahrgenommen haben ꝛꝛ.

ſtreiten; ſo häufig auch ſchou die Kapitel bey wirklicher Ausübung ihrer Kapitulationsbefugniß wider
dieſe Regel geſündigt haben. Mißbrauch alſo nach
meiner, und wie ich denke, auch nach aller Unpar-
theilichen Einſicht eine jede Handlung, welche dieſer Regel entgegen iſt; unter welcher Rubrik beſonders die Artikel in den Wahlverträgen gehören, in
denen den Biſchöfen ihre aus Chriſti und der
Kirche Anordnung verliehene Gewalt zu ſchwächen,
ja zu entziehen getrachtet wird. Ein Mißbrauch,
welchen ſchon der Kardinal Madrutius in ſeinem auf dem Reichstage zu Regensſpurg vom Jahre 1594 zur Herſtellung der verfallenen Kirchenzucht
überreichten Aufſatze ausdrücklich gerüget hat. dd)
Der Mißbrauch des Kapitulirens gieng in einigen
Stiftern ſo weit, daß ſich die Kapitularen der geiſtlichen Strafgewalt des Biſchofs gänzlich entzogen
haben, ee) welchen Fall man jedoch zur Ehre unſe-
res

---

dd) Durch die Worte: „Episcoporum jurisdictio
per *contrarias* ſacris canonibus capitulationes
& pacta conſtringitur:“ Weiter: „Cum Epis-
copis non raro contentiones ſuscipiuntur,
*idque non jurium ecclefiæ conſervandorum,
ſed enervandæ episcopalis jurisdictionis* ſtu-
dio.“ Der ganze Aufſatz des Kardinals iſt
unter den Beylagen zur Deduction: *Factum
& jus juramenti episcopalis* Beylage 56 ab-
gedruckt. Siehe hier N. 35 und 40.

e) S. die Kapitulation des Koadjutors am
Hochſtifte Regenſpurg von 1641 artl. 12 bey
Lünig im Rs. Archiv *ſpicil. eccleſ. con-
tin.* 3. *pag.* 1216. *Gravamina Nat. Germ.*
ſub

res verfeinerten Jahrhunderts nicht mehr erleben wird.
Es gehören unter diese Rubrik auch die Bursalartikel
in welchen die Absicht, es sey zum Privatnutzen des
Kapitels, einzelner Kapitularen, oder eines dritten,
auf Schmälerung der Stiftsgüter und Gefälle gerichtet ist. Wenige Kapitel werden hier ganz reine Hände haben, und von dieser Mißhandlung frey seyn.
Wenigstens findet man die Beyspiele von abkapitulirten Stiftsgütern und Gefällen, von abkapitulirten
Zöllen, ständigen Zinsen, abkapitulirter Nachlassung
von Schuldsforderungen u. s. w. in Menge. Solche
Handlungen streiten so grade zu wider das Wohl des
Erz- und Hochstiftes, und alle Rechtsbegriffe, *) daß
es

---

sub *Carolo* V. N. 85. „Ac si quando eos
delinquere contigerit, impune eis per ipsum
ut hoc sibi liceat." Die von einigen so betitelten Fürstenkonkordaten von 1530 §. 23 bey
Brauburger *de formula reformationis
eccles.* pag. 221: „Und sollen die unziemlichen
„Jurament und Pacta durch die Kapitel wider
„Ire Erzbischöff, Bischöff, Prälaten und De-
„chant gemacht, dadurch Iren der geistlichen
„Straff gänzlich entzogen, abgestellt und auf-
„gehoben werden, als wir sie auch hiermit
„aufheben und abstellen."

*) *Cap.* 27 X *de jure*; *Rubrica* & vulgata
Regula: *Ne sede vacante aliquid innovetur.*
Wiestner in instit. canon. lib. 1. tit. 6
Artic. 9 N 149 u. 150. *Benedictus* XIV
de Synodo dioecesana Tom. 2 lib. 13 cap. 13
§ 14. **Strubens** Nbst. 1 Th. 1 Abh. § 12.
Solche Handlungen haben schon das Gepräg
einer innern Verwerflichkeit, wenn auch keine
positive Rechtssatzungen im Wege stünden.

es eine verlohrne Mühe wäre, dabey zu verweilen. Nachahmungswürdig sind daher die Beyspiele der Kapitel von Würzburg gg) und Mainz, hh) welche sich durch

---

gg) *Statutum perpetuum* de 1651 bey *Lünig in spicilegio eccles.* II Th. S. 1052. „Damt denn auch vors dritte der Stifft bey seinen Kräften und gutem esse conservirt und erhalten, auch durch dergleichen alienationes und Beschränkungen der Cammer Gefäll einem zeitlichen regierenden Fürsten und Herrn, dem Stift und gemeinen Wesen die Mittel nicht entzogen werden mögen, die bischöfliche Dignität und Würde sowohl in Geistlichen als Weltlichen — ohne Schmälerung oder Beschwerniß des Stifts mit Schulden und Aufnahm gebühr= lich fortzuführen; so sollen wir Dombs=Probst, Dombs=Dechand, Senior und Capitel, und unsere Nachkommende nun hinführan zu ewigen Zeiten, so oft es sich begeben würde, daß ein regierender Bischof zu Würzburg, und Herzog zu Franken Todes verbliche, sede vacante nicht Macht haben, einen künftigen Successorn und ordinarium in denen Capitulationen mit dergleichen Alienationen und Einziehung der Cammerzefälle zu beschweren, und uns selbsten zu appropriiren; uns und unsere am Capitul Nachkommende, auch dessen fürters allerdings und bey Pflicht und Eyden, damit wir dem Stift, und der Kirchen zugethan seyn, sich enthalten; da auch dergleichen schiers künftig (so doch nicht seyn soll) es geschehe unter was Prätext, Vorwand und Nahmen, oder Behelf es immer wolle, vorgenommen werden sollte, solches hiemit und in Kraft dieses Briefs, cassirt und aufgehoben, auch null und nichtig; und kein Succedens Episcopus zu dessen Observanz, oder Genehmhaltung (non obstante etiam

durch ein ewiges Statut verbindlich gemacht haben, auf keinerley Weise die hoch = und erzstiftischen Einkünfte zu schmälern. Man wird also auch von dem Domkapitel zu Mainz bey Errichtung der beständigen Wahlkapitulation keinen solchen widerrechtlichen Absprung zu befürchten haben.

So unleugbar nun es ist, daß die Kapitel in vorigen Zeiten ihre Kapitulationsbefugniß im Geistlichen häufig mißbrauchet haben: eben so wenig ist auf der andern Seite der rechtmäßige Gebrauch dieser Befugniß zu bezweifeln, welcher gewißlich in seiner Wirkung auch für manches Erz= und Hochstift schon sehr ersprießlich war, und, geleitet durch die gehörige Vorsicht, in der Zukunft noch weit ersprießlicher wirken kann. Die nähere rechtliche Bestimmung dieses Gebrauchs wird von folgenden Grundsätzen abhangen.

Erstens sind alle die Artikel im Wahlvertrage als erlaubt und rechtsverbindlich anzusehen, welche die

Nähere Bestimmung des rechtlichen Gebrauchs dieser Befugniß mittelst dreier Grundregeln. Erste Grundregel.

---

etiam juramento corporaliter præstito, pacto, consuetudine, statuto, præscriptione, vel quavis alia conventione) verbunden seyn sollen."

bh) „Moser schreibt im persönlichen Staats= rechte 1 Th. 1 B. 1 Kapit. §. 61:" Mainz betreffend, so wurde anno 1662 ein statutum perpetuum gemacht, daß hinführo die erzbischöflichen Einkünfte auf keinerley Weise durch das Domkapitel sollten verringert werden, welches dann nothwendig seine Hauptabsicht auf die Kapitulationen hat."

die Handhabung der von den Domkapiteln herge=
brachten rechtmäßigen Statuten sowohl, als die Er=
haltung und Befestigung der sämmtlichen, ihnen in
Kirchensachen aus den geistlichen Gesetzen, durch
rechtsgiltige Verträge, Privilegien, oder den Titel
eines rechtskräftigen Herkommens zuständigen Rech=
te, oderauch die Erhaltung und Befestigung der den
übrigen geistlichen Gemeinschaften, ja einzelnen Diö=
cesanen in geistlichen Verhältnissen zuständigen Ge=
rechtsamen zum Gegenstände haben.   Nicht leicht
wird jemand die Kapitel beschuldigen, daß sie durch
dergleichen Verfügungen die Grenzen ihrer Kapitula=
tionsbefugniß überschreiten;   da es hier keineswegs
auf neue Eroberungen, sondern nur auf Erhaltung,
Befestigung , und Handhabung der ihnen und andern
wirklich zustehenden Rechte,   da es eigentlich nur
darauf angesehen ist,   gegen bischöfliche Willkühr
und Despotismus durch ein rechtliches Band mehr
das zu sichern, was ohnehin schon Rechtens und
verfassungsmäßig,   ja, zu dessen Handhabung der
Kayser, als Schutzherr der teütschen Kirche, aus=
drücklich verpflichtet ist. ii)   Ich füge nur noch den
Wunsch hinzu, daß es den Verfassern der perpetuä
gefällig seyn möchte, sich in eine bestimmte Zerglie=
derung dieser Rechte und Freiheiten einzulassen, wenn
anderst hiebei die Absicht einer beständigen Kapitula=
tion erreichet, und nicht neuer Stoff zu ewigen Jän=
kereyen genähret werden soll.

Zwei=

---

ii) Wahlkapit. Artic. t. § r. Artik. 14 § 1 und 3.

Zweytens sind alle die Artikel als erlaubt und rechtsverbindlich anzusehen, welche auf die Ab-stellung offenkundiger Mißbräuche aus den verlebten Zeiten, wegen einer frohern Zukunft aber auf eine ge-naue Erfüllung der, in den allgemeinen sowohl als den besondern rechtlichen Quellen der deutschen Kirche klar entschiedenen bischöflichen Amtspflichten gerichtet sind. Noch keine, weder weltliche, oder geistliche Regierung selbst die beste unter allen nicht, war ohne Gebrechen, noch wird jemals dergleichen eine uhter den Menschen-kindern erscheinen. Da öfnet sich nun den Repräsen-tanten der Presbyterien ein weites und fruchtbares Feld, ihr unstreitiges Recht für das Wohl der Kirche zu wachen, ihre Sorgfalt für das Beste derselben durch das Mittel der verfassungsmäßigen Wahlver-träge bestens zu bethätigen; und der Dank des Pu-blikums wird den Wahlherrn in dem Verhältnisse zu-strömen, jemehr sie sich hiebey durch einen richtigen und scharfen Kennersblick auszeichnen werden. Die-ser zweyte Grundsatz verdient besonders von den Verfassern einer perpetuæ vorzüglich erwogen zu werden, und ist nach meinem Urtheile so wichtig, daß ich den angefangenen Faden noch nicht bey Seite legen kann.

Es wäre eine nützliche Bemühung zur nähern Kenntniß des menschlichen Herzens, und zur Ge-schichte der Kirchenverwaltung, wenn jemand die Mißbräuche in der Verwaltung aus den Concilien, aus den Reichstagsakten, und der Geschichte der

C   einzeln

einzeln Diöcesen sammeln wollte. Ein solcher Co-
dex von Erfahrungen lieferte zugleich ohne Widerrede die wichtigsten Beyträge zur Abfassung einer
beständigen Wahlkapitulation, dergestalten, daß beinahe eine jede Rubrik aus dieser Sammlung zur
Sicherstellung der Wohlfahrt der anvertrauten Heer-
de in einen eigenen Artikel des Wahlvertrages um-
geschaffen werden könnte. Ich lese in meinen ge-
sammelten Beyträgen zu diesem reichhaltigen Buche
von Erfahrungen folgende vor vielen andern aus-
gezeichnete Rubriken: Despotismus, verbreitet in
mehrere Aeste, der aber sich nirgendwo weniger, als
in die Kirche schickt, deren Stifter das Urbild der
Sanftmuth und Menschenliebe war: Bischöfliche
Kabinetsmachtsprüche, welche für die Menschenbeglückung nicht weniger drückend, als landesherrliche Machtsprüche sind: Referendäre in geistlichen
Sachen. Eine Amtsstelle, welche zwar in manchen
Diöcesen noch neu ist, die aber aus wichtigen Rücksichten eine besondere Aufmerksamkeit in einer perpetua verdienet: Vikariate, Konsistorien. Es ist
der Genius der Zeiten, sich mit teutschem Muthe
gegen die zu siegen gewöhnte römische Kurie zu be-
waffnen. Nur wäre die historische Wahrheit nicht
ausser Acht zu lassen, daß die Vikariate und Konsistorien der Erz- und Bischöfe eine Kopie der Kurie
sind, und daß man erst selbst gereinigt seyn, oder
doch sich auch mitreinigen sollte, ehe man andere
reinigen will. Dabey verdient es noch eine eigene
Beherzi-

Beherzigung, daß vermöge ausdrücklicher Reichs-
geseze die Unordnungen und Mißbräuche an en
geistlichen Gerichten abgestellt werden sollen: k)
Geldstrafen. Die Kirche hat im eigentlichen Ver-
stande keinen Fiskus. Der Fiskus und die Erhebung
fiskalischer Strafgelder ist ein Ausfluß von der Ober-
herrschaft über das zeitliche Vermögen der Strafba-
ren. Will man auch den Bischöfen Teutschlands
nicht bezweiflen, daß sie das Recht fiskalischer Geldstrafen durch Privilegien und Observanz erworben
haben: so ist es doch dem Geiste der Kirche sehr
gemäß, daß dergleichen Geldstrafen den Armen,
den frommen Stiftungen und ihren Fabriken zuge-
wendet werden. ll) Ein neuer Zufluß zur Armen-
kasse!! Kanzleytaxen nach vielerley Klaßificationen,
welche Benennung aus der Verfassung der weltlichen
Staaten entlehnet ist. In verschiedenen Diöcesen
wird die Scheere an die Wolle der Schafe so scharf
angesetzt, daß die aus gerechten Gründen sehr ge-
häßige taxa Cancellariæ Romanæ, wenigstens in
manchen Fällen, noch Heilungssalbe für die blutn-
de Wunde wäre. Prokurationen, wider derer
Mißbrauch sich das Kapitel von Eichstätt schon im

C 2   Jare

---

kk) C. G. O. von 1521 titl. 30. C. G. O. von
1555 P. II titl. 1. §. 1.

ll) *Concil. Trid.* seß. 25 cap 3 *de reform.* und
seß. 6. cap. 1. Cf. Beyträge zur Verbesserung
der Kirchenpolicey in Teutschl. 2 Th. 16 Kap.

Jahre 1259 verwahret hat: mm) Exactionen unter allerley Gestalten. Es ist eine wichtige Wahrheit, daß eine jede widerrechtliche Exaction die Eigenschaft einer Steuer annehme, und daß den Bedruckten gegen diesen Mißbrauch der bischöflichen Gewalt der Schutz der höchsten Reichsgerichte zur Hülfe stehe. Die Kapitel haben es bey Abfassung der Kapitulationen in ihrer Gewalt, eine jede Besorgniß für widerrechtliche Exactionen durch das friedfertige Mittel eines Vertrages zum voraus zu entfernen. Ohnehin entehrt reines Christenthum nichts so sehr, als geistliche Finanz; und in den breiten Mantel der Religion verhüllte Plusmacherey: *Practica beneficialis. Commercium beneficiale.* Man sollte es nicht in unsern Tagen noch erinnern müssen, daß die Canones die öffentliche sowohl, als bemäntelte Beneficien Krämerey längst als Kontreband erkläret haben, und doch ist vielleicht eine Diöces in Teutschland, wo durchaus der unbefleckte Geist der Canonen im Beneficialinstitute herschet: Beförderung zu den Kirchenstellen. Diese sind, besonders jene der Seelsorge, blos nach dem Maaßstabe des Verdienstes zu vergeben. „Der Bischof — gebieten die Väter zu Trient

---

mm) *Articuli aliquot tempore interregni a capitulo Eystettensi confecti, quibus futurum Episcopum teneri vult.* Bey *Falkenstein in cod. dipl. Nordgav.* pag. 49. „Quarto ut cathedratico, sive collecta simplici sit contentus, & ut exactiones aut procurationes indebitas per dioecesin a Canonicis non requirat.

Trient in den entscheidendsten Worten — nn) soll jenen zum Pfarrer wählen, welchen er unter andern vor den tauglichsten hält — — — der Bischof soll aus den würdigen den würdigsten wählen." Heil jener Diöces, wo nicht erst Convenienzstudium, oder klingende Münze das Verdienst erhöhen muß; wo einzig das Verdienst der edle Grund zur Beförderung ist.

Unter den in den allgemeinen Rechtsquellen der deutschen Kirche klar entschiedenen bischöflichen Amtspflichten sind die jährlichen Versammlungen der Diöcesansynoden, und die Visitationen der Diöcesen nach meiner Einsicht so wichtig, daß sie vor andern eine eigene Beherzigung verdienen.

Unsere Bischöfe scheinen eben so wenig von den National= Provinzial= und Diöcesanversammlungen Freunde zu seyn, als der Pabst von den allgemeinen Synoden. Hier rede ich nur von den Diöcesanversammlungen, welche aus Ursachen, die ein jeder leicht finden wird, in den letzten Jahrhunderten in Teutschland völlig aufgehört haben; obgleich die jährlichen Versammlungen dieser Synoden in der 15 Seßion der allgemeinen Kirchenversammlung von Basel, oo)— welches Dekret nachher, als ein Theil

C 3 unserer

---

nn) *Seß.* 24 *cap.* 18 *de reform.*

oo) *Decretum de conciliis synodalibus & pro-vincialibus:* „Ideo eadem sancta synodus antiquos & laudabiles mores nostris cupiens tem-

unserer Konkordaten, auch die ausdrückliche Kraft eines verbindlichen Reichsgesetzes erhalten hat — pp) und in der allgemeinen Kirchenversammlung von Trient qq) mit den trockensten Worten gebothen sind. Diese Versammlungen sind aus Gliedern und Männern zusammengesetzt, welche eine genaue Kenntniß der Gebräuche, Sitten, Gewohnheiten, der Volksgesinnungen, und Beschaffenheit der Diöcet in die Synode mitbringen, derer ins Mittel gebrachte gute Vorschläge, und Stimmen, die auf den Synoden nicht willkührlich verworfen, sondern gewogen und gezählet werden, zugleich auf das Herz und den Verstand der Bischöfe nach psychologischen Grundlehren unendlich mehr Kraft haben würden, als die Stimme eines Konsistoriums, welches aus Räthen besteht, denen nichts, ja dieses nicht allezeit, als die Ehre zu reden, und nach diesem zu schweigen, und zu gehorchen, zu Theil geworden ist, und derer Zernichtung eben so gut, als ihre Entstehung und Erhaltung von einem Federstriche, von der bloßen Willkühr ihres Schöpfers abhängt. „Wie sehr wäre — schreibt ein neuerer

Schrift

---

temporibus obfervari, ftatuit, atque *praecipit* fynodum epifcopalem — ad minus femel in anno, ubi non eft confuetudo bis, annuatim celebrari per diœcefanum.“

pp) Womit auch die *formula reformationis ecclefiaficae Caroli V.* Artl. *de fynodis* zu verbinden ist.

qq) *Seff.* 24 *cap.* 2 *de reform.* „Synodi quoque

Schriftsteller — rr) zur Handhabung und Verbef-
serung der geistlichen Polizey in einem bischöflichen
Kirchsprengel zu wünschen, daß die abgekommenen
Synoden, zum wenigsten in einem Surrogate, wiederum hergestellt würden; daß nemlich von dem
Bischofe — — in jedem Jahre die Stifts- und Lands-
dechanten versammlet würden, welche die Umstände
ihrer Kirchen und ihrer Bezirke dem Bischofe oder
seinem Stellvertreter bekannt machten, eine gemein-
schaftliche Berathung, wie den eingeschlichenen Män-
geln abzuhelfen, miteinander pflegten, und ihr
Gutachten dem Bischofe vorlegten. Die Dechanten
wissen besser die Umstände ihrer Stifter und Bezirke,
als die Vikariatsräthe; sie wissen besser die zur
Verbesserung dienliche Mittel; da sie der Berathung
beygewohnt, sind sie selbsten besorgt, daß von den
in der Synode durch den Bischof gutgeheißenen und
verordneten Mitteln gleich der Gebrauch gemacht
werde: wohingegen die jetzt erscheinende bischöfliche
Verordnungen, nicht anders als von einem Landphy-
sikus nach der Theorie, ohne daß er die Krankheits-
umstände selbst eingesehen, angeschriebenen Kuren-
zettel gleichgehalten, und von einigen zwar gebraucht,
von den mehrsten aber nicht benutzet werden." Leicht
könnte diese mit christlich-philosophischer Wärme
vorgetragene Aeusserung auf eine oder die andere Art
C 4   zur

---

rr) In den Beyträgen zur Verbesserung der
Kirchenpolizey in Teutschl. S. 151. Vergleiche
auch S. 126. u. f.

zur Erfüllung übergeben, wenn der durch allgemeine
Kirchenversammlungen geschärften, durch dieReichs-
gesetz, und die formulam reformationis ecclesiastic
beståtigten bischöflichen Amtspflicht eine unverrückte
Stelle in der perpetua des Erzstiftes angewiesen
würde

Engst verwandt mit den Synoden sind die bischöflichen Visitationen der Diöcesen, welche nach der
Vorschrift der allgemeinen Kirchenversammlung von
Trient wenigstens alle zwey Jahre besichtiget werden
sollen. ss) In allen Jahrhunderten, in allen Staaten
und in der Kirche waren Visitationen von jeher eines
der kräftigsten, oft nur das einzige Mittel, die eingeschlichenen Mißbräuche und Lokalgebrechen zu erfahren,
die angemessenste Hülfe zur Verbesserung der Mängel
zu finden, eine für Zeit- und Lokalumstände zweck-
dienliche, oft die zweckdienlichste Gesetzgebung zu
veranlassen, zu befördern, den aber schon wirklich
bestehenden, wirklich gereiften guten Instituten,
Anordnungen und Gesetzen die gehörige Lebenskraft
und

ss) *Concil. Trid.* sess. 24 cap. 3. „Episcopi
propriam dioecesin per se ipsos aut si legitime
impediti fuerint, per suum generalem vicarium
aut visitatorem, si quotannis totam, propter
ejus latitudinem visitare non poterunt, saltem
majorem ejus partem, ita tamen ut tota bien-
nio per se vel visitatores suos compleatur, visitare non prætermittant.‟ Die ålteren Canones, welche von der bischöflichen Visitations-
pflicht reden, sind in Brauburgers Abh.
de *formula reformationis eccles.* S. 280. u.
f. f. gesammlet, womit noch in der formula
selbsten der Artikel: *de Visitatione* zu verbinden ist.

und gewünschte Dauer zu gewähren. Auf diesen Visitationen erscheint der Bischof in seiner einzigen und wahren Größe, als Sittenaufseher, als erster Volkslehrer, als Bewahrer einer Religion, deren Inhalt ganz Gesetz der Liebe ist, und der moralische Wunder wirken kann, wenn er, wie die Bischöfe von Laybach, Königgrätz, Pistoja, Salzburg u. s. w. selbst aufgeklärt, Sittenverbesserung und reine christliche Volksaufklärung zum ersten und unverrückten Augenmerke hat. Ein teutscher Bischof eines unmittelbaren Reichsstifts, weil er auch Lanndesherr ist, _erwecket_ sodann die Früchte seiner menschenfreundlichen und apostolischen Sorge zweymal ein; da reines Christenthum jedes Band des Staates verstärket, jede Glückseeligkeit eines Volkes vermehret: oder da der in Sitten unverdorbene, und wahrhaft christlich aufgeklärte auch der wohlthätigste, redlichste, treueste und beste Unterthan ist. tt) So wichtig scheint mir die Erfüllung dieser bischöflichen Amtspflicht, und nach meinem Herzenswunsche auch den Theilnehmern an einer perpetua!! Die Hindernisse aber, welche der Erfüllung dieser Amtspflicht im Wege stehen sollen, sind unbedeutend, und leicht zu heben.

Noch eine Anmerkung: Ich lese nicht in den allgemeinen Kirchenversammlungen, besonders in jener von Trient, ohne den christlichen Scharfsinn zu bewundern, mit welchem man die bischöflichen Pflichten auszeichnete, und mit welchem man den

C 5

---

tt) Betrachtungen über das Universum (1777) S. 132. u. f.

herrschenden Mißbräuchen zu Leibe gieng, oft weit
zweckdienlicher, als es in manchen neuern unreifen
Reformationsplanen geschehen ist. Zwar haben sich
seitdem die Zeiten in vielem geändert; ja die mit ge-
doppelten Schritten vorwärts schreitende Aufklärung
scheint sich eine eigene Bahn, einen neuen und ganz
eigenen Wirkungskreis geöfnet zu haben: diesem
ungeachtet ist nicht zu bezweifeln, daß die Diöcesen
schon einen unerwarteten und sehr hohen Grad von
Vollkommenheit in der innern Kirchenverwaltung
müssen erreichet haben, oder erreichen würden, wenn
nur die heilsamen Anordnungen jener Kirchenversammlungen durchaus in Erfüllung gekommen wären, oder noch zur Erfüllung übergiengen. Und so
würden sich die Repräsentanten der Presbyterien um
das Wohl ihrer Kirchen sehr verdient machen, wenn
sie nach einem gut überlegten Plane die unter allen
Verhältnissen nützlichen, zweckdienlichen, aber oft
vernachläßigten Satzungen jener Versammlungen als
vertragsmäßige Obliegenheiten ihren Stiftskapitula-
tionen einverleiben wollten.

Die besondern Obliegenheiten eines teutschen Bischofs sind in den besondern Quellen der teutschen
Kirchenverfassung begriffen. Aber mit Verwunde-
rung sehe ich in den gedruckten Kapitulationen, daß
man diesen wichtigen Gegenstand beynahe noch keiner Aufmerksamkeit gewürdiget hat. Insbesondere
finde ich das ganze wichtige Them der deutschen
Kirchenfreyheiten, nicht minder wichtig in seinem
Begriff, als das so sehr gepriesene System der
libertatum ecclesiæ gallicanæ — aus Unwissenheit,

Gleich

Gleichgültigkeit, oder woher es nur rühren mag —
gänzlich vernachläßiget. Unmöglich könnte dieses
System der teutschen Kirchenfreyheit in den einzeln
Diöcesen so durchlöchert seyn, wenn bisher die
Wahlherrn in den Erz- und Hochstiften diesen Gegenstand in ihren Wahlverträgen mit teutscher Ent-
schlossenheit beherziget hätten. Wie oft spielte nicht
die unternehmende und vielzüngige Politik der Rö-
mer, welche bald mit einem Kardinalshute, bald
mit einer andern Begünstigung für den Bischof oder
dessen Familie blendet, bald mittelst einer Hausprä-
latenstelle mit den Räthen, und derer Herrn, bald
durch den Beichtvater ihr politisches Kunststück trei-
bet, welche sich bald unter die Fittichen des doppelten, bald des einfachen Adlers, vielleicht auch noch
unter den Schatten des halben Monds verbirgt, wie
oft spielte sie nicht den Sieger, wo eine vorsichtige
Wahlkapitulation so manchen Angrif von dieser Art
zum voraus hätte vereiteln können. Von dem Kapitel des ersten deutschen Erzstifts, dessen Prälaten
schon so oft die Stütze der teutschen Kirchenfreyheit
waren, und in dessen Mittel einsichtsvolle deutsche
Biedermänner stehen, von diesen ist zu erwarten,
daß sie in Hinsicht auf diesen Punkt in der zu er-
richtenden perpetua allen übrigen Kapiteln Teutschlands ein mustervolles Beyspiel zur Nachahmung
vorlegen werden.

Drittens nicht nur, wo es auf Erhaltung,
Befestigung und Handhabung unstreitiger Rechte, Dritte-G-
wo es auf Abstellung offenbarer Mißbräuche, und regel.
eine genaue Erfüllung der klar bestimmten bischöfli-

C 11

chen Pflichten ankömmt, sondern auch alle andere
Artikel sind als erlaubt und rechtsverbindlich anzus
sehen, wenn sie nur nicht dem Endzwecke und wahs
ren Wohl der kirchlichen Gesellschaft, oder sonsten
der oben bemerkten allgemeinen Grundregel entgegen
streiten. Dieser dritte Grundsatz ist eine Folge von
der Kapitulationsbefugniß, in deren unstreitigem
Besitze sich die Kapitel befinden, und gründet sich
sofort in der natürlichen Freyheit eines jeden, Vers
träge zu errichten, in soweit diese nicht durch die
natürlichen Gesetze, durch die Natur des Gegens
standes, und die positiven Rechte beschränket ist.
Der Grundsatz gründet sich auch, wem dieses noch
nicht hinlänglich scheint, in einer positiven Satzung
des gemeinen Dekretalrechts, in welcher der Pabst
Nikolaus III die befragten Eide der Kirchens
prälaten nur in so weit zernichtet, als sie auf illicita impoſſibilia vel libertati ecclesiasticæ obviantia
abzwecken, ausserdem aber dieselben ausdrücklich als
verbindlich anerkennt. uu) Manche Frage ist in dem
allges

---

uu) *Decretalis Nicolai* III vom Jahr 1278
in capit. I. *de jureiur.* in 6. ,,Contingit in
nonnullis ecclesiis de earum consuetudine ob-
servari, *quod nec ipsarum prælati* (cum pri-
mo ad ecclesias ipsas accedunt) nec canonici—
aliter recipiuntur in ipsis, nisi jurent statuta
& consuetudines ipsarum ecclesiarum, scripta
& non scripta inviolabiliter observare.— Quia
vero in statutis, consuetudinibusque supradi-
ctis interdum aliqua reperiuntur illicita seu
im-

allgemeinen geiſtlichen Rechtsſtubium, in der teut=
ſchen Kirchen = und beſondern Dibceſanverfaſſung
unbeſtimmt, wodurch ſchon manche verdrießliche
Weiterungen in den geiſtlichen Regierungen entſtan=
den ſind. Und ſo kann ſich der Gebrauch des angeführ=
ten Grundſatzes vorzüglich darinnen äuſſern, wenn
dergleichen Fragen vertragsweiſe, doch aber auf eine
Art entſchieden werden, welche auf Abwendung
beſorglicher Nachtheile, auf eine gute und vorſichtige
Kirchenverwaltüng, welche, mit einem Worte, nur
zum

---

impoſſibilia, vel obviantia eccleſiaſticæ libertati —— hac generali conſtitutione animarum
periculis obſiſtere cupientes: præcipimus a
quibuscunque ſcientibus contineri in prædictis
conſuetudinibus & ſtatutis, illicita, impoſſibilia vel libertati eccleſiaſticæ obviantia, juramenta hujusmodi aliquatenus non præſtari.
Et talia juramenta ea intentione facienda, vel
facta, üt etiam illicita vel impoſſibilia ſeu
eccleſiaſticæ libertati obviantia obſer ventur—
decernimus in hujusmodi illicitis, impoſſibi-
libus, ſeu libertati eccleſiaſticæ obviantibus,
non ſervanda: quin potius pro animarum ſalu-
te, ſi ſub forma prædicta vel ſimili aliquos igno-
rantes prædicta illicita ſeu impoſſibilia vel libertati eccleſiaſticæ obviantia jurare contigerit, ad obſervanda duntaxat licita, poſſibilia
& non obviantia libertati eccleſiaſticæ juran-
tium referri debet intentio. Declaramus quoque juramenta ſub hujusmodi generalitate qua-
litercunque & ſub qualicunque verborum forma
præſtita vel præſtanda ad licita, poſſibilia, &
libertati eccleſiaſticæ non obviantia tantum
extendi: ipſosque jurantes ad alia per præſta-
tionem juramenti hujusmodi non teneri."

zum unläugbaren Besten der Kirche abzielet, weder sonsten in einiger Rücksicht gegen die obige allgemeine Regel streitet.

Es giebt also in Hinsicht auf das geistliche Regiment erlaubte, rechtsverbindliche, unerlaubte, und rechtswidrige Wahlartikel. Wer Grundsätze in allgemeinern Ausdrücken liebt, wird vielleicht alles bisher Gesagte in diesen wenigen Worten zusammentragen: Alle die Artikel sind als verbothen anzusehen, welche den gebietenden oder verbietenden positiven geistlichen Rechtsnormen, dem Endzwecke und wahren Wohle der kirchlichen Gesellschaft entgegen sind: hingegen alle als erlaubt und rechtsverbindlich zu betrachten, welche mit jenen positiven Rechtsnormen, dem Endzwecke und wahren Wohle dieser Gesellschaft übereinstimmen. Mit andern Worten, welche das befestigen, was ohnehin positiven Rechtens ist, und keine Verfügung gegen jene positive Rechtsnormen, und das Beste der Kirche enthalten. Uebrigens wird mir der gute Leser keine Vorwürfe machen, daß ich mich in eine genauere Entwicklung und Bestimmung der Principien einließ; da es vorzüglich zu dem Plane dieser Abhandlung gehörte, den Gebrauch der Grundsätze für die Anwendung zu erleichtern.

Bewegung des eigentlichen Rechtsgrundes der Kapitulationsbefugniß in Beziehung auf die weltliche Regierung

Die Kapitulationsbefugniß in Beziehung auf die weltliche Regierung ist der andere Hauptgegenstand dieses Etwas über die Wahlkapitulationen in den geistlichen Wahlstaaten, welche Befugniß in der Theorie sowohl als in der Anwendung auf einzelne Fälle

Fälle nicht minder, als die rechtliche Bestimmung der Kapitulationsbefugniß in Rücksicht auf die geistliche Regierung, gewißlich mit ganz eigenen Schwierigkeiten umgeben ist. In dieser besondern Lage finde ich sehr zweckdienlich, einige Vorerinnerungen zu machen, mich sodann desto bestimmter über diesen wichtigen und kritischen Gegenstand zu erklären.

Nie beugte sich der deutsche Freyheitsgenius unter den unumschränkten Willen eines Einzigen. Erste Vorerinnerung. Im Gegentheile waren unsere Könige von jeher bey Ausübung ihrer Hoheitsrechte durch Reichsstände und Herkommen sehr eingeschränkt. Nun ward zwar Teutschland nach und nach in so viele besondere, jedoch einer gemeinsamen höhern Gewalt noch untergeordnete Staaten umgestaltet: aber die Angelegenheit der teutschen Freyheit unserer Reichseinwohner litt dadurch keine Stöße; nur erhielt sie eine neue, dieser veränderten Verfassung angemessene Richtung. So wie zur rechtlichen Entstehung der landesherrlichen Gewalt in Teutschland nicht bloß die kaiserliche Einwilligung, sondern auch die Einwilligung der freyen Landeseinwohner nach vernünftigen Grundsätzen des allgemeinen Staatsrechts erforderlich war; ww) weil keinem freyen Volke eine andere Regierungs-

---

ww) Strubens Abst. 1. Th. 1. Abh. §. 21. S. 109. u. f. nach der 2 Ausg. Pütters Beyträge 1. Th. Abh. 6. §. 20 u. f mit Zuziehung dessen histor. Entwicklung der heutigen

rungsform, als in die es selbst gewilligt hat, kann
aufgedrungen werden: so gewiß ist es auch, daß die
der Freyheit gewöhnten Reichsunterthanen nur zur
Entstehung einer sehr eingeschränkten landesherrlichen
Hoheit ihre Einwilligung gaben; ja, daß nach der
ganzen Anlage der mittlern Zeiten die landesherrliche
Gewalt nie zu Stande gekommen wäre; wenn die
neuen Landesherrn ihre Unterthanen hätten despotisch
regieren, oder über dieselben nur eine unbeschränkte
Herrschaft ausüben wollen.   Eben so gewiß ist es
durch den rechtlichen Zusammenhang der teutschen
Staatsverhältnisse, und bestätigt durch das unläug-
bare Zeugniß der teutschen Staatengeschichte, daß
die entstandene Landeshoheit forthin durch neu hinzu-
kommende rechtliche Normen neue Beschränkungen
von Seite der Unterthanen oder derer Repräsentanten
erhalten konnte.   Und wie allgemein und lebhaft
muß nicht die Ueberzeugung für diese verfassungsmä-
ßige Wahrheiten in vorigen Zeiten gewesen seyn, da
eben diese Gesinnungen und Grundsätze selbst in das
Friedensinstrument übergiengen. In dieser Rücksicht
gereicht es den edlen teutschen Biedermännern, und
Theilnehmern des Friedens zum unvergeßlichen
Denkmale, daß sie nicht nur auf die Sicherstellung
der reichsständischen Vorrechte und Freyheiten gegen
Kaiser Despotismus, sondern auch auf die Handhabung

gen Staatsverfassung des t. Reichs 1. Th.
S. 206 u. f. Franks Grundbetrachtungen
über Staat und Kirche in Anwendung auf
Teutschland §. 8. N. III.

bung und Befestigung der Rechte und Freiheiten der
teutschen Landeseinwohner mit wahrem teutschen
Sinne bedacht waren, aus diesem Gesichtspunkte
ist zu beurtheilen, wenn den Landständen und Unterthanen derjenigen Territorien, welche an die Krone
Schweden und Kur-Brandenburg übertragen wurden, ihre libertas, jura & privilegia communia,
& peculiaria *legitime acquisita*, vel *longo usu*
obtenta ausdrücklich bestätiget wurden, xx) zum
klaren Beweise, daß die W. Friedensstifter keine
Anhänglichkeit für den politischen Glauben an eine
unumschränkte landesherrliche Hoheit hatten; zum
fernern Beweise, daß es bey diesen Friedensstif-
tern keinen staatsrechtlichen Zweifel hatte, daß
die Landeshoheit auf mancherley Weise durch die
Unterthanen, oder derer Repräsentanten, beschränkt
werden könne. Man hätte sonsten dergleichen Einschränkungen in dem Reichsgrundgesetze des W.
Friedens nicht ausdrücklich bestätigen, noch weniger
in Rücksicht auf die von einem Nachfolger im Bisch-
thume Osnabrück beym Antritte seiner Regierung zu
leistende Gewähre in eben diesem Grundgesetze verfügen können, daß der Herr Fürst Bischof nach gesche-
hener Huldigung seinen Ständen und Unterthanen
nicht nur ihre wirklichen Gerechtsamen und Privile-

gien

---

xx) I. P. O. *Artl.* 10. §. 4. in fine *Art.* 10. §. 16.
Artl. 11. §. 4. 11. und 12. Patriotische Briefe
(1767) 4. Brief.

D

gien, sondern auch was ferner zu der künftigen Regierung des Stiftes und der Stände und Unterthanen Sicherheit von beyden Seiten werde nöthig erachtet werden, durch schriftliche Reversalien bestätigen solle. yy) Kann noch etwas den Werth dieser staatsrechtlichen Betrachtung erheben: so ist es dieses, daß der im Friedensschlusse anerkannte staatsrechtliche Grundsatz auch alsbald bey den Executionstractaten, bey Gelegenheit der damals errichteten Osnabrückischen perpetuirlichen Kapitulation, zur Ausübung kam, von welcher der gründlich gelehrte Struben schreibt: zz) „Selbige ist dem Friedensschlusse gemäs abgefasset, und zwar von Männern, welche

ihn

---

yy) I. P. O Artl. 13 §. 4: „Caveatque Dominus Episcopus per literas reversales Statibus & Subditis suis, homagio — ab ipsis recepto, jura ac privilegia salva fore, & quæ prætærea futuræ Episcopatus administrationi Statuumque & Subditorum securitati utrinque necessaria videbuntur. Zur Bestätigung der staatsrechtlichen Gesinnungen der W. Friedensverfasser gehören auch noch die Stellen des Osnab. Friedens Artl. 5 §. 31 u. 33, und Artl. 7 §. 1. Vergleiche Moser von der t. Reichsstände Landen 4 Buch 8. Kapit. §. 4. Zur weitern Bestätigung dieser verfassungsmäsigen Grundsätze dient auch die Wahlkapit. Artl. 1. §. 8 in den Worten: „Aufgerichtet rechtmäsige und verbindliche Pacta." S. Mosers Betrachtungen über die Wahlkapit. Kaiser Josephs II in den Noten zu diesem Artikel.

zz) In den Abst. 1. Th. 1. Abh. §. 22.

ihn vermitteln helfen, folglich deſſen Verſtand am
beſten wiſſen können. Es fehlet aber ſoviel, daß ſie
dem Biſchof eine unumſchränkte Gewalt beyleget,
daß er vielmehr Artik. 36, 37 verbunden wird, ohne
des Domkapitels und der Stände Konſeus das Land
mit keiner Schaßung zu belegen, noch Verbindniſſe
zu machen, auch ſelbigen ſonſt hin und wieder in
Regierungs und Juſtißſachen die Hände bindet. "
Die weitere ungezwungene rechtliche Folge iſt, daß
gedachte, in dem Willen und Nationalkarakter der
teutſchen Landeseinwohner gegründete, ſelbſt durch
das Grundgeſetz des W. Friedens anerkannte und
beſiegelte, auch bald nach dem Frieden zur Ausübung
gebrachte Rechtswahrheiten ſo lange in der ſtaats=
rechtlichen Theorie als vollgiltig anzuſehen ſind, bis
durch eine neuere grundgeſetzliche Verfügung, oder
eine neuere rechtsgiltige Obſervanz, derer rechtliche
Abänderung erwieſen wird. Ein Beweis, welcher
noch kein Schriftſteller bis auf den heutigen Tag ge=
führet hat.

„Freylich — ſo ſchrieb der kordate Moſer im
Jahre 1769, aaa) ſeit welcher Zeit ſich das Schickſal
der teutſchen Freyheit unſerer Landeseinwohner nicht
gebeſſert hat — iſt es, reſp. ſeit 1713 und 1740
in gewiſſen Landen in der That zu einer deſpotiſchen,

D 2 will=

---

aaa) Im Tract. von der teutſchen Rsſt. Landen S.
1147. u. ſ.

willkührlichen und unumschränkten Herrschaft ausge=
schlagen, und einer nach dem andern möchte diese
Originalien auch kopiren: aber ihr ganzes Recht be=
stehet darinn, daß sie 100000 Mann auf den Beinen
halten, und keinen Richter über sich, oder doch sel=
bigen nicht zu förchten haben; hier, da wir von dem
Staatsrecht handeln, ist nicht die Rede von dem,
was wirklich geschehe, (da bekanntlich in Teutsch=
land auch sonst vieles geschieht, so der Reichsver=
faffung zuwider ist,) sondern was geschehen solle,
und ich möchte den sehen, der auf eine nur wahr=
scheinliche Weise darzuthun, das Herz und das Ge=
schick hätte, ein teutscher Reichsstand habe in seinen
Landen eine unumschränkte Gewalt. " Der Haupt=
grund aber, womit die Souverainitäts= und publi=
cistischen Augendiener den edlen Rest der teutschen
Freiheit in unsern Reichslanden zernichten wollen,
ist aus der Lehre zusammengesetzt, daß die Landes=
herrliche Hoheit nicht den Unterthanen, oder derer
Repräsentanten, sondern den Reichsständen im W.
Frieden mitgetheilet, und nicht jene, sondern diese
vom Kaiser und Reiche damit belehnet seyn. Eine
jede von den Landesunterthanen oder derer Repräs
sentanten unternommene Beschränkung der Landes=
herrlichen Regalien sey also als Eingriff in die lan=
desherrliche Rechte, und als eine eigenmächtige
Schmälerung des Reichslehens, mithin als nichtig
und unverbindlich anzusehen. Diese Hofsprache machte
sich schon zu Ende des vorigen Jahrhunderts der

oben

oben (Note k) angeführte Schriftſteller an mehrern
Stellen ſeiner Deduktion ganz eigen; dieſe intonirte
unter mancherley künſtlichen und zweydeutigen Ge-
berden unter den neuern vorzüglich der berühmte
Hofpubliciſt, Freyherr von Jckſtadt, bbb) mit na-
mentlicher Beziehung auf Kaiſer Leopolds Reſolu-
tion an den päpſtlichen Nuntius bey Gelegenheit der
Bewegungen über die ſtiftiſchen Wahlkapitulationen
vom 9 Febr. 1695 ; ccc) mit Beziehung auf das Kaiſerliche Kaſſationsreſcript an den Biſchof von
Wirzburg vom 11 Sept. 1698, ddd) und das Urtheil

D 3 des

---

bbb) In mehreren §§. der Differtation: *Vindiciæ
territorialis poteſtatis adverſus capitulationum, compactatorum & literarum reverſalium
abuſus in Imp. R. G. Principatibus paſſim
inoleſcentes* 1759. Beſonders iſt hier der 27
und 30 §. zu vergleichen.

ccc) In den Worten: „Ita etiam ſua ex parte iſtius-
modi capitulationes, in quantum eæ cæſarea
facrique Imperii jura & regalia, reditus men-
fales & provinciales, Imperii collectas, fœ-
derum, legationumque jura vel alia temporalia reſpiciunt, haud quaquam pro validis &
legitimis haberi debeant, niſi hiſce in paſſibus
Rom. Imperatori pariter transmiſſæ, atque
ab eodem pro rerum exigentia ratihabitæ &
confirmatæ fuerint.” S. oben Not. l)

ddd) „Da bevorab wir mißfällig wahrgenommen,
wie daß ein und anderes capitulum, bey ereignen-
den Fällen, durch die capitulationes denen
wählenden oder poſtulirenden Biſchöfen und
Fürſten von denen von einem zeitlichen Röm.

Kay-

des Reichshofraths vom 16 Sept. 1698, in Sachen
Würzburg contra Würzburg, eee) worinnen alle
Schmä-

Kayser ihnen zu Lehen verliehenen Regalien und Weltlichkeiten einen, grossen Theil
ab-und an sich ziehen, und in ein *condominium* eindringen wollen rc." Ferner: „So
verordnen und gebieten wir hiermit gnädigst,
daß hinfüro das Domkapitul zu W. bey künftigen Sedisvacanzen, und darauf erfolgenden
Electionen, oder Postulationen vor, oder nach,
weder für sich insgesammt, noch einem parti-
culari zum Besten viel oder wenig circa temporalia, regalia, nempe jura territorialia, cameralia & politica, als da seynd constitutiones judiciorum, & officialium sæcularium,
und dergleichen, und was in Summa von einem
zeitlichen Römischen Kaiser einem jedesmahligen
Bischoffen zur Lehen verliehen wird, auch sonsten durch die constitutiones Imperii demselben
als einem Reichsfürsten zukommt, capituli-
ren, oder concordata, Vergleich oder Verbin-
dungen machen sollen, gestalten wir alles das,
was diesem Verbott entgegen, vor, oder nach denen Wahlen oder Postulationen geschehen möchte,
jetzt alsbann, und dann als jetzt, für null,
nichtig, und kraftlos erklären, auch — bey unsern und des Reichs höchsten und andern Gerichten hierauf nichts erkennen, sondern solches
alles ohne Effect, Execution und Würkung
solang überbleiben lassen werden, biß ein er-
wählter oder postulirter Bischoff zu Würzburg
neben dem Capitulo dergleichen capitulationes,
concordata, Beding oder Vergleich zu unserer
kaiserl. Erkenntnuß eingeschicket, und wir dieselbe würklich confirmiret haben." (S. oben
Note m.)

eee) „Daß das Domkapitel zu Würzburg alles Ein-
wen-

Schmälerungen der Reichslehen nicht nur mißbilligt, sondern auch ausdrücklich als kraftlos und nichtig erkläret seyn. Hierauf schließt Ickstadt seine Betrachtungen mit der allgemeinen Bemerkung, daß solches wegen der auf beyden Seiten obwaltenden Gleichheit der Gründe von den geistlichen so wohl als weltlichen Staaten, gelten müsse. fff)

Niemand wird läugnen, daß die landesherrliche Hoheit nicht den Unterthanen, oder derer Repräsentanten, sondern den Reichsständen im W. Frieden

D 4 mit-

---

wendens, insonderheit des vermeintlichen affectirten Condominii ungeachtet, sich der Independenz, und deren in dem Land und Residenz-Stadt Würzburg, wie auch dem Oberrath dem Herrn Bischoffen *immediate* competirenden hohen Lands-Jurium und Gerechtsamen zur Ungebühr sich anmaße, und dahero sich deren zu enthalten, mithin an der pro convenientia & exigentia boni publici vorhabenden Reformation dieses Gerichts mit Abschaffung der eingerissenen Mißbräuche und Unordnungen, und in Einführung und Stabilirung besserer Policey-dienlicher Anordnungen, Saßungen und Statuten — nicht hinderlich seyn solle." (S. oben Not. n.)

fff) Ickstadt in der Note zum 30 §. der alleg. Abh. Quæ vero de Principatibus ecclesiasticis ex rescriptis cæsareis, aliisque constitutionibus & actis publicis hic allegantur, cum temporalia tantum territorii & regalia jura concernant, ad Principatus quoque Sæculares *ex rationum utrinque militantium paritate* pertinere quis dubitet?

mitgetheilet ſey: aber dieſe Rechtswahrheit ſteht mit
dem Begriffe einer eingeſchränkten teutſchen Terri=
torialhoheit ſo lange in keinem Widerſpruche, als
es mit der Erfahrung und Vernunft nicht kontraſtirt,
daß uneingeſchränkte und eingeſchränkte Regierungs=
formen möglich ſeyn; und ſo lange es ſtaatsrecht=
liche Wahrheit bleibt, daß, ſolcher Einſchränkungen
ungeachtet, nicht die Unterthanen, oder derer Re=
präſentanten, ſondern die Reichsſtände das Subjekt
ſeyn, welchen die Landeshoheit zuſteht. Landesho=
heit, und Beſchränkungen derſelben, können ihrer Na=
tur nach wohl bey einander ſtehen. Sie ſtanden vom
Urſprunge der Landeshoheit her bey einander; weil
an die Einwilligung zu einer unumſchränkten Lan=
deshoheit von Seiten der Unterthanen nach der Be=
ſchaffenheit der vorigen Zeiten nicht zu denken war.
Sie wuchſen in dieſer vertraulichen Verbindung mit
einander fort, und ſtehen noch in dieſem vertrauli=
chen Bande ſelbſt in dem Grundgeſetze des W. Frie=
dens bey einander, wie aus den Note xx und yy alle=
girten Stellen, und der ganzen Oekonomie des W.
Friedensſchluſſes erhellet. Es iſt daher ein groſſer
aller hiſtoriſchen und rechtlichen Wahrheit zuwider=
laufender Irrthum, deſſen ganze Blöſe man bey
einer nur mäſigen Einſicht in das politiſche und
ſtaatsrechtliche Syſtem der vorigen Zeiten ſchon leicht
entdecken kann, wenn man ſolche Beſchränkungen
durch die Unterthanen oder derer Repräſentanten
aus dem Grunde, daß die landesherrliche Hoheit
nicht

nicht diesen, sondern den Reichsständen mitgetheilet
sey, als Eingriff in die Territorialrechte behandlen,
zugleich aber dadurch landesherrlichen Despotismus
begünstigen will. „Man hat sich auch — schreibt
der in dem staatsrechtlichen Studium des Mittelal=
ters sehr bewanderte Struben ggg) in den mittleren
Zeiten nicht in die Gedanken kommen lassen, eine
solche Deutung der kaiserlichen Investituren zu
machen, sondern überall in Teutschland der Land=
stände Konsens zu den wichtigsten Regierungsge=
schäften erfordert, und lehret Senkenberg hhh):
Certe quidquid poterant olim Status Imperii in
Imperio, id quibuslibet statibus provincialibus in
territorio permissum. Et haec regula in aevo
medio nunquam fefellit,” Gradezu widerspricht
auch dieser Deutung der kaiserlichen Investituren
das Grundgesetz des W. Friedensschlusses; da Kai=
ser und Reich auf der einen Seite durch die schon
oben (Note xx und yy) angeführten Stellen des Frie=
densinstruments dergleichen Einschränkungen der
Landeshoheit in den an die Krone Schweden und Kur=
Brandenburg übertragenen Landen, und im Bisch=
thume Osnabrück ausdrücklich bestätigten, und auf
der andern ausdrücklich verfügten, daß die Besitzer
dieser Lande die Landeshoheit über dieselben vom

D 5 Kaiser

ggg) In den Abst. 1 Th. 1 Abh. §. 21. S. 126. u. f.
hhh) In *Selectis juris & histor.* Tom. 5 *Præf.*
§. 1. p. 4.

Kaiſer und Reiche zu Lehen empfangen ſollen. iii)
So wenig dachte man, weder vor, noch in dem W.
Frieden daran, Beſchränkungen der Landeshoheit
durch die Unterthanen oder derer Repräſentanten als
eine eigenmächtige und unerlaubte Schmälerung des
Reichslehens anzuſehen. Nicht zu gedenken, daß
der Grundſatz einer reichslehnbaren Landeshoheit
nicht auf alle Reichsſtände anwendbar ſey. Weder
iſt eine ſolche Deutung aus dem Begriffe der Sache
noch ſonſten zu erweiſen. Hauptſächlich durch die
Zweydeutigkeit und Unbeſtimmtheit in den Ausdrücken, welche auch manchmalen in den öffentlichen
Staatsſchriften und Reſoluten wahrzunehmen war,
entſtand nach meinem Ermeſſen ſo große Verwirrung
bey dieſem Theme unſers Staatsrechts. Wenn ich
von einer Einſchränkung der Landeshoheit durch die
Unterthanen oder derer Repräſentanten rede: ſo iſt
gar nicht die Frage von einer eigentlichen Veräußerung der Reichsregalien an jene oder dieſe, weder von einer ihnen durch die Landesherrn mitge-
theil

---

iii) *I. P. O. Artl.* 10 §. 1, 3 und 7. *Artl.* 11 §.
1, 4, 5 und 6. Wegen der reichslehnbaren
Landeshoheit im Biſchthume Osnabrück iſt der
Artic. 5 §. 21 I. P., die Beſchreibung des
Belehnungsakts vom 11 May des J. 1706 bey
Lünig in corpore juris feudalis germ. Tom.
I. S. 455 u. f. und Moſer in der Einlei-
tung zum Reichshofraths Proceß 3 Th. I.
Kapit. §. 17. zu vergleichen.

theilten , oder von ihnen angemaßten gemeinschaft=
lichen Regierung nach dem Begriffe einer Mitherr=
schaft, oder des Condominats, wie etwa zween oder
mehrere Brüder, oder andere Gesammtherrschaften,
ein Land in Gemeinschaft eines ungetheilten gleichen
Eigenthums regieren. Solche Handlungen ohne
Vorwissen und Einwilligung des Oberlehnsherrn
dörften wohl von den meisten Publicisten als wider=
rechtlich angesehen und erkläret werden. Nur ist hier
die Frage von einer durch die besondere Landesver=
fassung, bald weniger, bald mehr, eingeschränkten oder
gemäßigten Territorialhoheit. Wenn gleich die kai=
serlichen Concessionen an einzelne Stände sowohl, als
die Stände überhaupt, die kaiserlichen Investitur=
briefe und Reichsgesetze die Landeshoheit ohne Wi=
derrede den Reichsständen zueignen: so blieb doch
vom Ursprunge der Landeshoheit her manches in
dem rechtlichen Umfange derselben, besonders in der
Art solche auszuüben, unbestimmt. Noch in unsern
Tagen ist manches näher zu bestimmen übrig; unge=
achtet in den nachherigen Zeiten die späteren Reichs=
gesetze, und ein bestimmteres Reichsherkommen, so
manches weit genauer regulirt haben. Nirgendwo
war es, weder ist es heut zu Tage, durch das
Reichssystem den Unterthanen oder derer Repräsen=
tanten untersagt, diese weite Kluft auszufüllen; ja,
da es nach richtigen Grundsätzen des allgemeinen
Staatsrechts bey ihnen stand, ob sie die Hoheit der
neuen Landesherrn anerkennen wollten: so war es

wohl

wohl auch sehr natürlich, daß dieses von den der
teutschen Freiheit gewöhnten Einwohnern auf eine
Art geschah, wo der Landesherr zwar alle Gelegen=
heit hatte, in der Eigenschaft eines Landesvaters
für das Beste seiner Unterthanen zu sorgen, ihm
hingegen auf der andern Seite die Gelegenheit er=
schweret ward, dem Lande empfindlich wehe zu
thun. Von einem solchen wohlthätigen Geiste sind
alle weislich gemäsigte Staatsverfassungen beseelt;
und durch diesen bildete sich auch, theils mittelst
ausdrücklicher zwischen dem Landesherrn und der
Landschaft über die Staatsverwaltung abgeschlosse=
ner Grundverträge, theils mittelst eines verbind=
lichen, und in den kaiserlichen Bestätigungsbrie=
fen für die Reichsstände namentlich bestätigten
Landesherkommens, mit Zuziehung der besondern
grundgesetzlichen Bestimmungen, welche auf dem
Willen der höhern Reichsgewalt ruhen, die beson=
dere Landesverfassung der einzeln teutschen Staaten,
welche, so sehr sie auch in der innern Verfassung
von einander abwichen, doch alle durch die Influenz
des Gemeingeistes der teutschen Freiheit darinnen
übereinstimmten, daß die Territorialhoheit über die=
selben in den durch die Reichsverfassung unbestimm=
ten Fällen, bald mehr, bald weniger, durch die beson=
dere Landesverfassung eingeschränket oder gemäsiget
ward. Da, wo nun die teutsche Verfassung solche
Fälle seit der entstandenen Landeshoheit zur eigenen
Autonomie, oder zur eigenen Bestimmung und Aus=
kunft

kunft zwischen den Landesherrn und ihren Unterthanen oder derer Repräsentanten frey, stellte: wie sehr
irrte man, wenn man die Grundsätze von Veräußerung, Verschlimmerung oder Schmälerung des
Reichslehens auf derley Beschränkungen anpassen
wollte! Das Lehen bleibt bey Einschränkungen dieser
Art so ganz unversehrt, daß die Reichslehnsherr-
keit eher dadurch gewinnt, als verliert; weil überhaupt diese Umschränkungen nur dahin zielen, oder
doch nur dahin zielen sollten, den Landesherrn auß-
ser Stand zu setzen, dem Lande wehe zu thun: oder
weil sie im Grunde alle aus der Quelle fließen, daß
sich der Landesherr nicht zum Schaden des Landes,
das ist in der Anwendung, nicht zum Nachtheile des
Lehens, und der Lehnsunterthanen, mißbrauchen, daß
er nur nur zum besten des Landes regieren möge.
Noch mehr fällt diese publicistische Hypothese auf,
wenn man weis, daß der kaiserliche Hof, und der
Reichshofrath, die doch gewißlich niemand einer
pflichtwidrigen Nachläßigkeit in Handhabung des
Reichslehnswesens beschuldigen wird, bey diesen
Einschränkungen keine Veräußerung oder Schmähle-
rung des Reichslehens finden können. Der Kaiser
und der Reichshofrath bestätigen nicht nur ohne Bedenken, dem Vorgange und Geiste des W. Friedens
gemäs, so beschaffene Landesverträge, und so ge-
artetes Landesherkommen, sondern die höchsten
Reichsgerichte sprechen auch ohne vorhergegangene
Bestätigung auf beydes, wenn sie nur nicht der
Reichs-

Reichsverfassung und dem wahren Wohle des Landes entgegen streiten. Schränkt je ein Vertrag die
Landeshoheit ein: so thut es die Erblandesvereinigung der erzstift-köllnischen Landschaft in West-
phalen, kkk) und dennoch wurde diese im Jahre 1702
zum Grunde der wider den Kurfürsten ergangenen
kaiserlichen Verordnungen gelegt, und erkannt, daß
die von dem Kurfürsten geschehene Einnehmung
fremder Truppen gedachter Erblandesvereinigung,
und andern Specialgrundgesetzen des Kurfürsten-
thums, auch absonderlichen und althergebrachten
Reversalien zuwider laufe. lll). Wie der kaiserliche
Hof es angesehen habe, als der Herzog Carl
Leopold zu Meklenburg-Schwerin einen unumschränkten Herrn spielen wollte, belehren so viele
100 gegen ihn ergangene Reichshofrats Conclusa,
das gegen ihn erkannte kaiserliche Conservatorium,
die erkannte kaiserliche Kommission, welche die Landesregierung bis an das End seines unruhigen Le-
bens in seinem Namen geführet hat, und der zwischen

---

kkk) Ben Faber in der Staatskanzley Tom. 6
   pag 470 u. f. und in der vollständigen Sammlung deren die Verfassung des hohen Erzstifts Kölln betreffenden Stücken 1. B. S.
   45. u. f. (1772).

lll) S. Faber l. cit S. 559. Verbinde auch damit Mosers Reichs-Fama 2 Th. S. 718.
   sqt. und Strubens Nbst. 1 Th. 1 Abh. S.
   136 u. f. mit Zuziehung der 125 Seite.

schen seinem Nachfolger und der Landschaft im J.
1755 errichtete, und im folgenden vom kaiserlichen
Hofe bestätigte landgrundgesetzliche Erbvergleich,
der von Herzog Carl Leopolds Absichten so weit,
als Berg und Thal, entfernet ist: und dennoch suchen
einige absichtliche Schriftsteller diesem Landesherrlichen Despotismus unter allerley Gestalten und künst-
lichen Wendungen das Wort zu reden! mmm) Mit vieler

---

mmm) Moser schreibt bey Gelegenheit dieses Vor-
falles in s. Tract. von der t. Reichsstände
Landen S. 1153: „Die Gegengründe des
Herzogs, und anderer Großen oder Gelehrten,
welche auf gleiche Weise denken, lassen sich
leicht beantworten, seynd auch wirklich mehr-
malen gründlich beantwortet worden: — Es
ist aber nicht nöthig, sich dabey aufzuhalten.
Dann 1) der Kayser und der Reichshofrath
haben gerichtlich alle diese Gründe verworfen,
und die angefochtene Landesverträge für verbindlich erklärt; 2) die angesehenste Reichsstände, z. B. der König in Preußen, der König in Großbritannien und Churfürst zu Braun-
schweig rc. haben dem Herzog ein gleiches zu
Gemüth geführt; 3) die Reichsstände, so vom
Kaiser Commission darzu erhalten, haben die
kaiserliche und reichshofräthliche Erkenntnisse
vollstreckt; 4) des Herzogs Regierungs-Nach-
folgere haben durch einen neuen Vergleich jenen
Grundsätzen abgesagt, und die Landesverträge
von neuem erkannt; auch 5) der Kaiser und
Reichshofrath diesen Vergleich bestätiget. Alles
dieses schmeißt das gegnerische machiavellistische
Spinnengewebe wie ein Blitz zu Boden, und
zertrümmert es."

ler Klugheit und allem Rechte setzte daher auch die
Würtembergische Landschaft bey Gelegenheit ihrer
bekannten Irrungen mit dem regierenden Herzoge die
von Ihm aufgestellte Principia absoluta unter ihre
Landesbeschwerden, nnn) und der Reichshofrath miß-
billigte jene nicht nur durch seine Erkenntnisse, sondern auch der nachher im Jahre 1770 abgeschlossene,
und von Joseph II. bestätigte, landgrundgesetzliche
Erbvergleich verwarf sie ausbrücklich. ooo) Schließ-
lich ist noch anzumerken, daß nicht eine jede durch
die Wahlkapitulationen erzielte Beschränkung der
Landeshoheit durch gedachte Resolution Kaiser Leopolds, dessen Kassations-Rescript und die Reichshofraths Urtheil von 1698, schon an und für sich als
unerlaubt, und nichtig erkläret werde, sondern daß
sich der kaiserliche Hof nur die Untersuchung und
Bestätigung der Wahlartikel unter Bedrohung der
Nichtigkeit vorbehalte; weil diese sehr leicht in ge-
hässige Mißbräuche ausarten können. Kein anderer
Sinn erhellet aus dem Innhalte und dem Zusammenhange jener Erklärungen. Wenn schon alle und
jede Beschränkungen der Landeshoheit durch die
Wahl-

---

nnn) S. Fabers neue europäische Staatsk.
14. Th. S. 80. u. f. und S. 191.

ooo) In Fabers neuen europ. Staatsk. 31 Th.
S. 335. Das gravamen in der ersten Klasse
führt die Aufschrift: Die infringirte Landesverfassung und aufgestellte Principia absoluta betreffend.

Wahlartikel an sich als unerlaubt und unverbindlich zu achten wären, wie könnte der kaiserliche Hof von einer Genehmigung und Bestätigung solcher Wahlartikel reden, und Leopold noch am Schlusse des kaiserlichen Rescripts hinzufügen, daß die Untersuchung und Prüfung derselben auf eine Art geschehen würde, daß der Bischof und das Kapitel sich zu beschwehren keine Ursache haben würden? ppp) Nie verwarf auch der kaiserliche Hof gradezu eine jede Begränzung der landesherrlichen Hoheit, wobey zugleich erweislich ist, daß der kaiserliche Hof nicht etwan nur solche Wahlartikel genehmigte, welche schon durch die bisherige Landesverfassung ihre Bestimmung hatten, sondern auch solche, die erst als neue Normen hinzukamen. Eben der gedachte Innhalt des kaiserlichen Rescripts zeigt nicht undeutlich, auf welche Mißbräuche es eigentlich nach der Gesinnung des kaiserlichen Hofes abgesehen sey, hauptsächlich auf solche, wodurch die Domkapitel einen Theil der vom Reiche zu Lehen rührenden Regalien

---

ppp) In den Worten: „Mit der angehenkten Versicherung, daß Wir in Examinirung dergleichen uns einschickender Capitulationen uns dergestalt erklären werden, daß der Bischof und das Capitulum unser ihnen zutragende Kaiserliche Clemenz, nach Gestalt der Conjuncturen und Umständen gnugsam zu verspühren, folglich sich zu beschwehren keine befugte Ursach haben werden. ”

E

galien von ihrem Bischofe und Fürsten ab - und an
sich ziehen, und in ein condominium — in eine Mitherrschaft — sich eindringen wollten. (S. Not. ddd
und eee). Und so wird nun, wie mir deucht, der
von dem Herrn von Ickstadt zur Kolorirung seines Lieblingssystemes aus den angeführten kaiserl.
Erklärungen erhobene Zweifel auch glücklich gehoben
seyn. Uebrigens mag der kaiserliche Hof seine gute
Gründe gehabt haben, das Hoheitsrecht der aufsehenden Gewalt bey den Wahlkapitulationen wirksa-
mer zu machen, als bey den sogenannten Landesverträgen der wirklich-regierenden Landesherrn mit
ihren Landständen, da noch kein Schriftsteller, weder der kaiserliche Hof, zu behaupten dachte, daß diese
Verträge nothwendig einer kaiserlichen Bestätigung
bedörfen, und ohne solche bis zur erfolgten kaiserlichen Konfirmation ganz unkräftig seyn. Gewißlich
würden auch die Reichsstände einer solchen Ausdeh-
nung der kaiserlichen Oberaufsicht sich sehr entgegen
setzen. Zugleich entgeht bey einer nur mäßigen Be-
kanntschaft mit den neuen Staatsvorfällen die Bemerkung nicht, daß der kaiserliche Hof bey Untersuchung und Prüfung der Wahlverträge nach einem
freyeren Urtheile handle, als er bey Prüfung der zur
kaiserlichen Bestätigung vorgelegten Landesverträge,
oder bey höchstrichterlichen Erkenntnissen auf dieselben, zu handlen gewöhnt ist; obgleich keines Landesherrn Regalien mit einem engern Lehnsbande gegen
Kaiser und Reich bestricket sund, als des andern.

Viel-

Vielleicht entgeht auch, bey Vergleichung mehrerer Wahlverträge unter sich, die Bemerkung nicht, daß der kaiserliche Hof bey Prüfung der einzeln Artikel nicht allzeit nach einerley Maximen verfahre. Sollte man etwan bey Bestimmung der Rechtmäßigkeit der einzeln Wahlartikel das kaiserliche arbitrium, oder mit den Worten des Leopoldischen Rescripts vom 11 Sept. 1698 zu reden, die kaiserliche Clemenz, Conjuncturen und Umstände als einen vorzüglichen Bestimmungsgrund annehmen müssen!

Das ganze Resultat aus dieser Vorerinnerung ist: Teutschlands rechtliche und glückliche Verfassung kennt das Idol einer unumschränkten Territorialhoheit nicht, so wenig, daß diese, nach Gestalt der Sachen, noch heut zu Tage durch stillschweigende oder ausdrückliche Verträge der Unterthanen, oder derer Repräsentanten, mit ihren Landesherren neue beschränkende Normen in allen den Regierungsverhältnissen erhalten kann, welche vom Ursprunge der Landeshoheit her durch die Reichsverfassung unbestimmt blieben, wenn nur solche Normen den Gerechtsamen eines dritten, der heutigen Reichsverfassung, und dem wahren Wohle des Landes, nicht entgegen streiten.

Die andere Vorerinnerung richtet einige Blicke auf die sogenannte Erb- und Grundherrschaft der *Andre Vorerinnerung.* teutschen Domkapitel. Die Domkapitularn sehen ihre Kirche, ihr Stift, die Domkirche, das Domstift, als den ursprünglichen, sich aber als den repräsentirenden Eigenthümer aller dem Stifte übergebe-

nen

nen Güter, Gerechtigkeiten und Regalien an. Bey
besetztem bischöflichen Stule stehe zwar die Ausübung
der stiftischen Rechte dem von ihnen gewählten Bischofe zu: hingegen vereinige sich wieder die Ausübung dieser Rechte bey erledigtem oder gehindertem
bischöflichen Stule mit dem Kapitel in vollem Umfange: ja, bey Lebzeiten des Bischofs könne das re-
präsentirende Eigenthumsrecht der Domkapitel auf
keine blos ruhende Eigenthumsherrschaft eingeschränket werden; da in keinem wichtigen Regierungsge-
schäfte etwas vom Fürsten ohne ihre Mitwirkung geschehen könne, welche Theilnehmung so dann die
Domkapitel, und ihre Freunde, noch mit dem besondern Namen einer Mitherrschaft, einer Mitregie-
rung (coimperium) auszuzeichnen pflegen. Dieses sind, wenn ich nicht irre, die Grundzüge der
sogenannten domkapitularischen Erb- und Grundherrschaft, welche schon so viele Bewegungen veranlasset hat, und wovon man die einzelnen Züge erst
mühsam, theils aus den Handlungen, theils aus den
einzeln, zum Theile sich widersprechenden, Erklärungen der Kapitel abziehen muß, da meines Wissens selbst die Kapitel noch keinen allgemeinen Begriff von dieser Erb- und Grundherrschaft gegeben,
vielleicht auch noch nie mit diesem Ausdrucke eine
deutliche Idee verbunden haben. Daher man auch
durchgehends bey den Schriftstellern einen ganz genau bestimmten Begriff von dieser so sehr gepriesenen
domkapitularischen Erb- und Grundherrschaft ver-
missec.

miſſet. Wundern muß man ſich zu gleicher Zeit, daß
man kapitulariſcher Seits bey jeder Gelegenheit eine
Meinung hervorzuziehen und geltend zu machen
ſucht, für welche ſich doch ſo wenig befriedigendes,
weder aus der Geſchichte, noch aus den rechtlichen
Quellen der teutſchen Staatsverfaſſung anführen
läßt, wie noch jüngſt, nach vorgängigen Bemühungen anderer Rechtsgelehrten, ein braver Schriftſteller mit gutem Erfolge erwieſen hat. qqq) Man kann
alſo auch den Reichshofrath keiner willkührlichen An-
maſſung beſchuldigen, wenn er dieſem Begriffe der
Erb- und Grundherrſchaft und den daraus abgelei-
teten Folgen bey jeder Veranlaſſung ſein höchſtrich-
terliches Anſehen mit ganzem Nachdrucke entgegen
ſetzt, rrr) dem zufolge der Reichshofrath noch un-

E 3

längſt

---

qqq) Poſſe über Grundherrſchaft und Wahl-
Kapitulationen der Domkapitel. Hannover
1787.

rrr) Das Note eee angeführte Reichshofraths-
Concluſum vom 16. Sept. 1698 in Sachen Würzburg c. Würzburg in den Worten: „daß das
Domkapitul zu Würzburg alles Einwendens,
inſonderheit des vermeintlichen affektirten
condominii ungeachtet ſich der Independenz,
und deren — dem Herrn Biſchofe *immediate*
competirenden hohen Lands-Jurium und Gerechtſamen zur Ungebühr ſich anmaße.” Damit iſt noch das kaiſerliche Kaſſationsreſcript
vom 11. Sept. 1698. in den folgenden Worten
zu verbinden: Da Wir mißfällig wahrgenommen, wie daß ein und anderes Kapitulum —
durch

längſt dem ſpeyriſchen Domkapitel ſelbſt den Gebrauch dieſer Benennung auf immer unterſaget hat sss).

Die

---

durch die Kapitulationes denen wählenden Biſchöfen und Fürſten von denen von einem zeitlichen Röm. Kaiſer ihnen zu Lehen verliehenen Regalien und Weltlichkeiten einen großen Theil ab- und an ſich ziehen, und in ein *condominium* eindringen wollen." S. Note ddd.

sss) Reichshofraths - *Concluſum* vom 28. Aug. 1781 in Sachen: Zu Speyer Herr Biſchof und Fürſt *contra* das Domkapitel daſelbſt memb. III. Lit. A, da wird dem Domkapitel unterſagt, aus dem in allem Betracht ungegründeten, ſomit gänzlich *verwerflichen Principio* einer Erb- und Grundherrſchaft, nnd kraft ſolcher ſich zur Ungebühr arrogirten *plenitudine poteſtatis* während der Sedisvacanz landesherrliche Verordnungen abzuändern, es ſey denn, Umſtände machten eine gählinge proviſoriſche Vorſehung bis zur Wahl eines neuen Regenten unumgänglich nothwendig.

Ferner memb. IV. ad Art. X. Lit. a. „Wird capitulo der in dieſem Artikel vorkommende Ausdruck, einer ſich zur Ungebühr beygelegten Erb- und Grundherrſchaft, hiemit in kaiſerlichen Ungnaden verwieſen, und daſſelbe ſich dergleichen! es ſey bey was immer für einer Gelegenheit, fürohin gänzlich zu enthalten, ernſtgemeſſen erinnert."

Ferner ad Art. XIX. „Da die in dieſem Artikel feſtgeſetzte Befreyung der domkapitliſchen Officianten — auf dem nichtigen Grunde der domkapitliſchen vorgeblichen Erb- und Grundherrſchaft beruhet: als wird nicht nur dieſer Artikel gänzlich aufgehoben und annulirt,

ſon

Die in den Worten, der an die Stiftskirche, oder an das Stift, übergebenen Güter, Gerechtigkeiten und Regalien liegende Zweydeutigkeit sehe ich als den Grund der ganzen Verwirrung an. Die Ausdrücke:

E 4 die

---

sondern auch dem Herrn Fürstbischofe in kaiserl. Ungnaden verwiesen, daß er sich nicht entsehen hat, mit Hintansetzung seiner gegen kais. Maj. tragenden Pflichten, die grundlose, der kais. allerhöchsten obersten Lehenherrlichkeit zu nahe tretende, in allem Betracht verwerfliche, und daher von allerhöchst Jhro Vorfahren am Reiche durch mehrfältige Erkenntnisse, nachdrücklich improbirte, angebliche domkapitlische Erb- und Grundherrschaft, in diesem Artikel selbst anzuerkennen.”

Reichshofraths-*Conclusum* vom 28. Aug. 1786 membro II. „Mit Verwerfung der abermaligen unzulänglichen Paritionsanzeige, und des überflüßigen Deklarations-Gesuchs detur dem imploratischen Domkapitel in Ansehung der von Kaiserl. Maj. zur unabweichlichen Richtschnur vestgesetzten Gränzen der domkapitlischen potestatis administratoriæ sede vacante und des untersagten gänzlichen Gebrauchs der Ausdrücke: gebohrner Senat auch Erb- und Grundherrschaft ex officio terminus 2 mensium um innerhalb desselben Kais. Majestät bestimmt anzuzeigen, wie Kapitulum dem wörtlichen Innhalt der kaiserl. Vorschrift vom 28. Aug. 1781 durchaus nachzuleben bereit seye, unter der Verwarnung, daß ansonsten die angedrohte Sequestration der Präbendal-Revenuen wirklich erkannt seyn, und deshalb commißio cæsarea auf den Herrn Fürstbischofen expedirt werden solle.”

die Stiftskirche, das Stift, haben eine vielfache Be=
deutung, ttt) und gewiß ist es, daß im unterstell=
ten Falle unter den Worten der Stiftskirche, und
des Stifts, nicht die Domkirche, oder das Domstift,
sondern das Hochstift verstanden werden müsse. Die=
ser Unterschied zwischen Domstift und Hochstift
herrscht durch die ganze Geschichte und Verfassung,
und ist zu einleuchtend, als daß man bey rechtlichen
Schlüssen eines mit dem andern vermengen dörfte;
wie dann auch nach dem klaren Zeugnisse der Lehn=
briefe der Fürstbischof nicht mit den Lehen des Dom=
stiftes, sondern mit den vom Reiche herrührenden
Lehen des Hoch= oder Erzstiftes, belehnet wird. In=
zwischen hätte der eigene Nachtheil die Kapitel schon
längst von diesem Abwege auf die grade Straße hin=
führen sollen, da ihnen bey besetztem Stule der an=
gemaßten Mitherrschaft wegen — von den Wir=
kungen der Erb= und Grundherrschaft bey erledigtem
oder gehindertem bischöflichen Stule ist an diesem
Orte gar keine Frage — schon manche Befugniß,
als Ausfluß der sogenannten Erb= und Grundherr=
schaft betrachtet, bald von den Fürsten, bald von
dem Reichshofrathe erschweret ward, die sie, mei=
nem Ermessen nach, sehr leicht, wie sich bey der
. Fort=

---

ttt) Vergleiche doch nur zur einigen Probe den
Prof. Schnaubert über Mosers Vor=
schläge zur Verbesserung der geistlichen
Staaten. S. 137. u. f.

Fortſetzung dieſer Abhandlung noch deutlicher ergeben wird, bey einer richtigeren Vorſtellung ihrer Kapitulationsbefugniß unter einem verfaſſungsmäßige-
ren Schilde hätten retten, und vor dem rechtsgelehrten Publikum rechtfertigen können.

Sonderbar, daß zwar die Kapitulationsbefugniß in Rückſicht auf die weltliche Regierung nicht
dem mindeſten Zweifel unterworfen iſt; weil ſie
durch das offenkundigſte Herkommen und durch
Reichsgeſetze geſichert iſt: aber über den eigentlichen
Rechtsgrund dieſes wichtigen Vorrechtes finde ich
nirgend einen hinlänglichen Aufſchluß, ſo nahe auch
dieſer vor Augen liegt, wenn man nicht ſo wohl auf
den Namen, als auf die Sache ſelbſten, hinſieht. Ich
habe ſchon angemerkt, daß zur rechtlichen Entſte-
hung der landesherrlichen Gewalt in Teuſchland
nicht blos die kaiſerliche Einwilligung, ſondern auch
die Einwilligung der landesherrlichen Unterthanen,
nach vernünftigen Grundſätzen des allgemeinen
Staatsrechts erforderlich war; (S. 47 u. f.) gleichviel,
ob dieſe ſich durch ausdrückliche Erklärungen, oder
nur ſtillſchweigend durch Handlungen der neuen Unterthanen, offenbarte: weil zur rechtlichen Bildung
der Staaten ein ſtillſchweigender Unterwerfungsver-
trag eben ſo wirkſam iſt, als ein ausdrücklicher. Ich
habe angemerket, daß dieſe Unterwerfung nicht an-
derſt geſchah, als nach den politiſchen Grundſätzen
einer durch den Geiſt des ganzen Zeitalters ſehr
weislich gemäſigten Hoheit, (S. 56) welches vor-

Beſtimmuug
des eigentli-
chen Rechts-
grunds nach
dieſen Vorer-
innerungen.

E 5   zůglich

züglich in den größern Territorien die Wirkung hatte,
daß mit der entstandenen Landeshoheit auch eigene
Landstände zur Schutzwehre der Volks Sicherheit,
und Beförderung der gemeinen Wohlfart, den neuen
Landesherrn zur Seite standen. Von dieser glückli=
chen Verfassung schrieb jüngst ein berühmter Schrift=
steller uuu): „Die neue Staatsverfassung hat auch
darinn einen Vorzug, daß der Landesherr, so wie der
König von England, alles Gute thun konnte, ohne
jemand schädlich seyn zu dürfen: daß sowohl der
Kaiser als die Landstände seinen Einfällen, die zum
Nachtheile des Landes gereichen konnten, Schran=
ken entgegen zu setzen vermögend waren. Noch hal=
fen keine Landstände in fürstlichen Kanzleyen, oder
unter beständigen Regiementern angestellt, die Frey=
heit ihrer Mitbürger einschränken; noch durfte jeder
edle oder freye Unterthan des Staates den Landes=
herrn als den Beförderer seiner Ruhe und Glückse=
ligkeit betrachten; noch raubten ihm keine langwie=
rigen und geldverzehrenden Rechtshändel das Ver=
mögen, das er durch eigene Macht, oder in Verbin=
dung mit andern, zu vertheidigen sich stark genug
fühlte.” Reichsstände, Landstände in den unab=
hängigen sowohl als in den abhängigen teutschen
Staaten sind bey näherer Zergliederung dieser staats=
rechts

---

uuu) Galetti in der Geschichte von Teutsch=
land. 1. Band (1787) S. 644.

rechtlichen Notion als Repräsentanten des Volkes zu
betrachten; www) so, daß sie in dieser Eigenschaft in
manchen Landeskonstitutionen gar ausdrücklich erscheinen. xxx) Was sie sind, sind sie nicht durch sich
selbsten, sondern der ausdrückliche oder stillschweigende Volkswille erhob sie zu dieser Volkswürde.
Daraus fließt, daß ursprünglich selbst die gesammte
Unterthanschaft zur Ausübung aller der Befugnisse
berechtigt sey, worinnen sie durch Reichs- oder Landstände vertreten wird; und daß die Gränzen der
Volksbefugnisse auch nothwendig die äussersten Gränzen der ständischen Befugnisse, oder der Befugnisse
der Repräsentanten des Volkswillens, seyn. Zugleich
offenbaret sich bey einem gründlichen Forschen über
den Geist der teutschen Landstandschaft, s eoffenbaret
sich durch eine getreue Uebereinstimmung der teutschen
Staatengeschichte, daß dieser in dem edlen Menschen-
gefühle

---

www) In des berühmten Mösers osnabrück-
schen Geschichte 2. Th. S. 5. Not. b kömmt eine
schöne Stelle vor, welche diesen Satz vortreflich
erläutert, womit noch Spittlers Geschichte
des Fürstenthums Hannover. 1. Th. S. 209.
zu verbinden ist.

xxx) Siehe zur Probe die Landschaftskonstitu-
tion für die fürstl. Schwarzburgische Lande
vom Jahre 1722 bey Moser im Trakt. von
der Reichsstände Landen 2. B. 3. Kap. S.
386, und den Würtemb. Erbverg eich von
1770 classe I ad grav. IV. §. 2 in Fabers
Staatskanzley. 31. Th. S. 352.

gefühle sich gründe, nicht nur sämmtliche Klaffen der
Unterthanen bey ihren bürgerlichen Rechten und
verfassungsmäsigen Freiheiten wider landesherrliche
Despotie zu schützen, sondern auch vom Lande allen
Nachtheil abzuwenden, und deffen Wohlfart nachdrücklichst zu befördern, yyy) in welcher Rücksicht den
Landständen selbst der Name der Landesväter ge-
bührte, wenn nicht schon der Sprach- und Kanzley-
gebrauch dieses Prädikat den Regenten vorzugsweise
zugeeignet hätte. Auch da, wo ursprünglich keine
Landstände waren, stand durch die allgemeine Verfaffung kein rechtliches Hinderniß im Wege, daß
nicht in der Folgezeit noch Landstände entstehen konnten. Wem die Schicksale und Perioden der teutschen Landschaften bekannt sind, der weiß auch, daß
solche wirklich erst in spätheren Zeiten in manchen
Landen entstanden sind. zzz) Man bemerket hier zugleich den rechtlich möglichen Fall, daß solche in den
Staaten, wo gegenwärtig keine vorhanden sind,
wenn sich etwa die Landesherrn in der Lage finden
sollten, daß sie der Beyhülfe ihrer Unterthanen zur

Til-

---

yyy) **Moser** schreibt im Trakt. von der Reichsftände Landen S. 846 §. 20: „Alle Land-
ftände schwören, und wären auch ohne dieß
dazu verpflichtet, des Landes Beftes zu befördern, und deffen Schaden zu verhüten oder abzuwenden."

zzz) **Moser** von der teutschen Reichsftände
Landen 2. B. 3. Kapit. S. 346-398.

Tilgung der Kameralschulden benöthigt wären daß
solche noch in unsern Tagen bey dieser, oder einer
andern Veranlaffung, bey Gelegenheit eines Krieges
u. s. f. entstehen könnten. Weder stand je durch die
allgemeine Verfaffung ein rechtliches Hinderniß ent=
gegen, daß, neben den sogenannten Landständen,
nicht noch sich ein anderes Corpus von Repräs.n=
tanten, selbst mit ausgezeichneten Vorrechten vor
jenen, durch die rechtliche Kraft einer ausdrücklichen
oder stillschweigenden Einwilligung der Unterthanen
und Landstandschaft formiren konnte; weil nie eine
höhere gesetzliche Vorschrift hierinnen dem Willen und
Zutrauen der Landesbewohner einige Gränzen gese=
tzet hat: oder, weil es von jeher zur vaterländischen
Freiheit, zur Autonomie der Landesbewohner ge=
hörte, die Repräsentanten ihres Willens ganz aus
eigenem Zutrauen unter allen möglichen Gestalten zu.
bestimmen. a)   Dieß ist der wirkliche Fall in den
Landen, wo Landstände und Domkapitel zusammen
vorhanden sind, jedoch mit Uebergehung der Strei=
tigkeiten an diesem Orte, welche in manchen Landen
über derer wechselseitige Verhältniffe entstanden sind.
Es ist ferner — nun wieder zur Hauptsache zurück
zu gehen — schon angemerket, daß den Domkapi=
teln die unstreitige Befugniß zustehe, Verträge mit
dem

a) Vergleiche hier sur einigen Probe, was Stru=
    ben in s. Nbst. 1. Th. 1. Abh. §. 23 ange=
    merket hat.

Neugewählten abzuschließen, nach derer Norm er
seine künftige Landesregierung zu führen habe. (S. 10
u. f.) Bald früher, bald späther, gelangten die Domkapitel zur Ausübung dieser Befugniß, und die Unterthanen und Landstände, wo solche waren, ließen
es geschehen, daß bey Gelegenheit der Wahlen von
den Wahlherrn durch das schickliche Mittel einer Kapitulation für die Sicherheit und Wohlfart des Landes gesorget ward. Das Recht, Verträge über die
zuführende Regierung abzufassen, kann in unabhängigen Staaten ursprünglich nur als eine Befugniß
des gesammten Volkes, oder derjenigen angesehen
werden, welchen das Volk durch seine Einwilligung
das grosse Vorrecht der Stellvertretung überlassen
hat. Und obgleich jenes Recht in den abhängigen
teutschen Staaten von dem Volke oder dessen Repräsentanten bey weitem nicht in dem Umfange, wie
in den unabhängigen, kann ausgeübet werden: so
hat es doch bey dem schon erwiesenen Gange der
entstandenen und fortschreitenden Landeshoheit keinen Anstand, daß es vom Ursprunge der Landeshoheit her in der Macht der Unterthanen war, sich
nicht nur wider alle mögliche Arten der landesherrlichen Willkühr eine vertragsmäsige Schutzwehre zu
verschaffen, sondern auch die Landeshoheit in ihrer
Ausübung in den durch die Reichsverfassung unbestimmt gelassenen Regierungsverhältnissen, durch stillschweigende oder ausdrückliche Verträge mit ihrem
Landesherrn, zum Besten des Landes näher zu bestim-

men,

men, oder durch Repräsentanten bestimmen zu lassen, wenn nur solche Bestimmungen den Gerechtsamen eines dritten, oder der Reichsverfassung nicht
zuwiderliefen. (Erste Vorerinnerung.) Steht
nun, wie durch die Folge dieser Schrift noch deutlicher erhellen wird, den Domkapiteln, als den vor-
nehmern Landesbewohnern, vermöge der ihnen durch
die Reichsgesetze und das offenkundigste Herkommen
zugesicherten Kapitulationsbefugniß das Recht zur
Wahlzeit zu, Verträge über jene und diese Regierungsverhältnisse, als Norm der künftigen Landesregierung, abzufassen: so ist wohl der ursprüngliche
und eigentliche Rechtsgrund zu dieser Befugniß
nicht sehr entfernt; und ich fordere alle auf, welche von dieser Befugniß einen bessern und richti-
gern Rechtsgrund, als den Rechtsgrund einer
Repräsentantschaft des Volkes anzugeben wissen. In dieser Repräsentantschaft, nicht in der
sogenannten Erb- und Grundherrschaft, oder in
einem andern geborgten Rechtstitel finde ich demnach den ursprünglichen und eigentlichen Rechtsgrund zur Kapitulationsbefugniß in Rücksicht auf
Gegenstände der weltlichen Regierung. Soll man
aber die Domkapitel wegen dieser Repräsentantschaft
auch Landstände, und die von den Domkapiteln errichteten Wahlverträge auch Landesverträge nennen?
Diese Untersuchung verliert sich am Ende in einem
leeren Wortstreite, und es mag schon hinlänglich
seyn, hier nur im Allgemeinen zu bemerken, daß
es

es wohl niemand bezweifeln wird, daß die Wahlverträge in Rückſicht auf die weltliche Regierung ihrem
groſſen Endzwecke am nächſten entſprechen, wenn ſie
mit dem menſchenbeglückenden Geiſte der teutſchen
Landſtandſchaft beſeelet ſind. Man giebt ſodann die
Aengſtlichkeit wegen der Benennung einer Sache
gern auf, wenn ſie ſich ihrem Geiſte und Weſen nach
ſo kennbar darſtellet. Die folgende nähere Unterſuchung, wie dieſe Wahlverträge in Beziehung auf
die weltliche Regierung ihrem Innhalte nach b) be-

schaffen

---

b) In Anſehung der Form dieſer Wahlverträge,
inſofern ſie die Weltlichkeiten betreffen, hat
Kaiſer Leopold erklärt, daß ſie nicht eher, ſie
mögen vor, oder nach der Wahl, gemacht ſeyn,
als rechtskräftig ſollen angeſehen werden, bevor ſie von dem Kaiſer unterſucht und beſtäti-
get ſeyn. Vergl. die kaiſerliche Erklärung an
den päpſtlichen Nuntius vom 9. Febr. 1695
und das Kaiſerl. Kaſſationsreſcript an den
Biſchof von Wirzburg vom 11. Sept. 1698.
(S. Not. c und d) Daß man aber noch bis auf
den heutigen Tag im kaiſerlichen Kabinete und
am Reichshofrathe auf dieſem Grundſatze feſt
beharre, erweiſen die kaiſerlichen Reſcripte vom
29. Jenner 1748 und vom 10. Decemb. 1749
an den Fürſtbiſchofen von Eichſtädt bey
Moſer im perſönl. Staatsrechte I. Th.
S. 97, das Reichshofraths-Concluſum vom
2. März 1759 in Sachen zu Eichſtädt Dom-
Kapitul contra den Herrn Biſchofen und
Fürſten daſelbſt memb. 2, und das noch jün-
gere Reichshofraths-Concluſum vom 7. Aug.
1778 in Sachen zu Speyer Biſchof contra
das

schaffen seyn müssen, falls sie als rechtskräftig sollen anerkannt werden, wird nebenher diese allgemeine Bemerkung sehr nachdrücklich unterstützen.

Daß

---

das Domkapitul daselbst memb. 2. Letzteres in den Formalien: „ Rescribatur dem Herrn Fürstbischofen und dem beklagten Domkapitel, jedem in separato : Nachdem Kais. Maj. vom demjenigen, was des Kais. Leopolds Maj. glorwürd. Andenkens, in Ansehung der Wahlkapitulationen der geistl. Fürsten des Reichs, verordnet, nicht abzugehen gemeinet seyn ; und daher, vor Ertheilung Allerhöchst Dero obristrichterl. Entschließung auf die von dem Herrn Fürstbischofen einge= reichte Beschwerden, nöthig erachteten, die bey der Wahl des Herrn Fürstbischofen errichtete Wahlkapitulation einzusehen: als habe Fürstbi= schof und resp. beklagtes Domkapitel solche in termino duorum mensium in forma probante an Kais. Maj. einzuschicken. ” Niemand kan es bezweifeln, und ich hörte es selbsten mehr= malen aus dem Munde wohldenkender Kapitu= laren, daß die Wahlverträge oft mehr zum Pri= vatnutzen der Wahlherrn, und zur Vergrößerung der Domkapitel, als zum gemeinen Nutzen, nicht selten auch zur Verschlimmerung oder Schmälerung der reichslehnsherrlichen Rega= lien abzweckten: und die Gefälligkeit der zum Kur = oder Fürstenhute Bestimmten war mei= stens so geschmeidig, daß sie in alles leicht ein= willigten, was ihnen die Wahlherrn vorzulegen für gut fanden. Die bey näherer Kenntnis des menschlichen Herzens nicht ungegründete Ver= muthung, daß der neue Landesherr, nicht sowohl des gemeinen Bestens wegen, als um so gewisser zum Kur = oder Fürstenthume zu gelangen, alle

F   und

Daß solche Wahlverträge keine Verfügungen gegen die Reichsverfassung, gegen das gemeine Beste des Landes, nicht gegen die Gerechtsamen und Freiheiten der Landstände, wo solche vorhanden sind, noch sonsten gegen die Rechte irgend eines dritten enthalten dürfen, und daß alle darwider streitende Wahlartikel, als Mißbräuche der gedachten Kapitulations-

tions-

---

und jede Wahlartikel bewillige, — vielleicht auch noch andere Gründe — bewogen den kais. Hof, das kaiserl. Hoheitsrecht der aufsehenden Gewalt bey den Wahlverträgen, unter der bedrohten Strafe der Nullität, oder auf eine Art wirksam zu machen, wie es noch nicht bey den in der herkömmlichen Sprache sogenannten Landesverträgen, weder in den weltlichen noch geistlichen Landen, geschehen ist: (S. 66.) aber auch in dieser Art nicht nöthig scheint; da gedachte Mißbräuche von Seiten der Landstände unter einem wirklich regierenden Landesherrn wegen des gewöhnlichen politischen Uebergewichts dieser Landesfürsten nicht leicht zu befahren sind. Ich glaube, daß die Richtigkeit dieser Bemerkungen einem jeden, bey einer nur geringen Menschen- und Staatenkenntniß, leicht einleuchten wird. Nebst dem erhellet aus dem Innhalte dieser Note, daß es bey jener notorischen Beharrlichkeit des kaiserl. Hofes den Kapiteln nicht zu rathen sey, der Erklärung des Kaisers Leopold zuwider zu handeln. Ein solches Benehmen bleibt nie ungeahndet, sobald nur dem kaiserl. Hofe eine Veranlassung durch die Unterthanen, oder den Landesherrn, oder blos durch einen Zufall dazu gegeben wird. Wöllen die Kapitel, daß ihre Wahlkapitulationen, als Landesgrundgesetze, allgemein re-

spek-

tionsbefugniß, anzusehen seyn, wird gewißlich kein Sachen= und Rechtskundiger bestreiten wollen: da diese Regel in den allgemeinen Rechtsbegriffen, in dem ganzen Zusammenhange der allgemeinen Reichs= und besondern Territorialverfassung, in der eigen= thümlichen Beschaffenheit unseres teutschen Staa= tes, als eines aus mehreren einzelnen Staaten zu= sammengesetzten größern Staatskörpers, in dem menschenbeglückenden Endzwecke aller Staatenge= sellschaften, in der rechtlichen Eigenschaft der Kapi= tel, als untergeordneter Reichsglieder, und in der Eigenschaft derselben, als Volksrepräsentanten, ihren vollwichtigen Grund hat.

Aber als erlaubt und rechtskräftig sind erstens alle die Artikel anzusehen, welche die Aufrechthal= tung und Befestigung der, dem Domkapitel sowohl, als den übrigen Klassen der Unterthanen, aus reichs= und landesverfassungsmäsigen Rechtstiteln zuständi= gen weltlichen Rechte und Freiheiten zum Zwecke

Erste Grund= regel zur nä= hern Bestim= mung des rechtlichen Gebrauchs dieser Befug= niß.

F 2   haben.

---

spektiret werden: so gehört es zu den Regeln der Klugheit, daß sie diese dem kaiserl. Hofe zur Bestätigung einschicken, da es in Ansehung der Wahlartikel über die Weltlichkeiten weit eher ad statum contradictionis kommt, als es heut zu Tage wegen der Artikel in Beziehung auf das geistliche Regiment kommen wird, wenn auch die Kapitel, wie's wirklich der Fall ist, die Wahlkapitulationen an den Papst zur Bestä= tigung, sofern sie das geistliche betreffen, zu überschicken unterlassen. (S. 25, u. f.)

haben. Die Kapitel entsprechen dadurch ganz dem Zutrauen der Unterthanen: weder treten sie durch ein solches Benehmen der landesherrlichen Hoheit im mindesten zu nahe. Sie sichern nur die ihnen, und den übrigen Klassen der Unterthanen, ohne dieß zuständigen Rechte und Freiheiten durch das erlaubte Mittel eines eidlichen Versprechens gegen die despotische Willkühr dessen, der ihnen in Ansehung dieser Gerechtsamen den mehrsten Eintrag thun kann. In dieser Hinsicht wird wohl niemand den Kapiteln das Recht streitig machen, Artikel von dieser Art den Wahlverträgen einzuverleiben: da es ohnehin Herkommens in Teutschland ist, daß erbliche sowohl, als Wahlfürsten, bey dem Antritte ihrer Rgeierung den Ständen und Unterthanen ihre Rechte und Freiheiten zusichern. Nur bestehe ich auch hier auf meinem schon oben bey der Wahlartikeln in Rücksicht auf die geistliche Regierung geäusserten Wunsche, daß es den Theilnehmern an irgend einer Perpetua auch gefällig seyn möchte, sich in eine bestimmte Zergliederung, wenigstens der vorzüglicheren Rechte und Freiheiten einzulassen, wenn anderst hierbey die gutgemeinte Absicht einer beständigen Kapitulation erreicht, und nicht mißlicher Stoff zu ewigen Neckereyen genährt werden soll. Der Vorschlag kann nicht mißfallen, zu diesem Ende einen besondern Ausschuß sachkundiger Männer zu ernennen, welche diesen wichtigen Gegenstand unter einer glücklichen Leitung der Volksrepräsentanten ins Reine zu bringen hätten.

Auch

Auch sind zweitens als erlaubt und rechtsver= Zweit
bindlich alle die Wahlartikel zu halten, welche auf Grundregel.
die Abstellung offenkundiger Mißbräuche der Landes=
hoheit aus den verflossenen Zeiten, wegen einer bes=
sern Zukunft aber auf eine genaue Erfüllung der na=
türlichen sowohl, als positiven, landesherrlichen
Regentenpflichten gerichtet sind. Man wird hier die
Rechtsständigkeit solcher Artikel nicht erst erweisen
sollen, die schon an und für sich mit dem Gepräge
der Rechtsverbindlichkeit bezeichnet sind, und derer
Giltigkeit auch der kaiserliche Hof noch nie angefoch=
ten hat. Gewißlich eine wonnenvolle Aussicht für
die Theilnehmer an solchen Wahlverträgen, ihrem
patriotischen Herzen Luft zu verschaffen, und als
Volksrepräsentanten ihre wohlthätige Wachsamkeit
für das gemeine Beste durch das verfassungsmäsige
Mittel dieser Wahlverträge wirksamst zu bethätigen!
Es lohnte sich in vieler Rücksicht, einsweilen die
Fälle der teutschen Territorialdespotie, als Beyträge
zu den Kabinetsstücken des patriotischen Mose=
rischen Archives für Teutschland, aus den ältern
und neuern Judikaten der höchsten Reichsgerichte zu
sammlen, da indessen vielleicht noch eine weit grös=
sere Menge solcher orientalischer Bedruckungen in
stillen Seufzern mit Geduld ertragen wurden, oder
noch wirklich ertragen werden. Wohlfart den teut=
schen Domkapiteln, welchen es an Einsicht und bie=
dermännischem Muthe nicht fehlt, durch heilsame An=
ordnungen dieser Art teutscher Territorialdespotie
einen festen Damm entgegen zu setzen!

F 3   Traue

Traue Schmeichlern nicht, ihre Sprache
ist Seelengift. Das sind die menschenfreundlichen
Worte des erhabenen Verfassers der Betrachtungen
über das Universum, die man ober die Thüre des
Kabinetes eines jeden Fürsten tief eingraben sollte. c)
Würdig, der grösten Monarchin Rußlands würdig,
sind auch die goldenen Worte derselben in der In-
struction zur Verfertigung eines neuen Gesetzbu-
ches: „Wie können wohl Prinzen an solchen
Schmeichlern gefallen tragen, die ihnen täglich vor-
lügen, daß die Völker ihrentwegen erschaffen sind?
Wir aber halten dafür, und schätzen es uns zum
Ruhme, zu sagen, und frey zu bekennen: daß wir
unsers Volkes wegen erschaffen sind. ” Wirklich
hat auch die Philosophie unserer Zeiten so weit gesieget, daß solche Erklärungen selbst bey öffentlichen
Verordnungen, wenigstens in dem Munde der Conci-
pienten, nicht mehr ungewöhnlich sind; so wenig
auch unter manchen Himmelsstrichen Worte und
Handlungen miteinander übereinzustimmen scheinen.
Sie hat gesieget, daß man die unveränderliche
Wahrheit heller als jemals einsieht, daß sich alle
Hand-

---

c) „Ein gewisser Mann wurde befragt : welche
Thiere die giftigsten Bisse thäten? Er antwortete: Unter den wilden Thieren die Verläum-
der, und unter den zahmen die Schmeichler.”
Tessins Briefe an einen jungen Prinzen
(aus dem schwedischen übersetzt. Leipzig 1754)
2. Th. S. 13.

Handlungen des Regenten nur in dem Mittelpunkte
der gemeinen Wohlfahrt des Landes vereinigen sollen,
die heut zu Tage zugleich als das erste und gemein=
schaftliche Fundamentalgesetz aller, also auch der
teutschen Staaten, von allen Weisen und Staats=
rechtsgelehrten anerkannt ist. d) Nicht alle Pflichten
unserer Landesherrn sind in den positiven Quellen
der teutschen Staatsverfassung hinlänglich bestim=
met; nicht alle in denselben namentlich angezeigt,
die aber doch ohne Widerrede aus dem Begriffe,
aus der Natur des Staates fließen, und auf welche
natürliche Regentenpflichten, wenn es zur Klage an
den höchsten Reichsgerichten käme, aus Gründen
der Philosophie oder des allgemeinen Staatsrechts
gegen unsere Landesherrn eben sowohl ein Urtheil er=
kannt werden kann, als wenn sich der Landesherr einen
Mißbrauch seiner Hoheit gegen einen Artikel des W.
Friedens, der kais. Wahlkapitulation, oder eines aus=
drücklichen Landesvertrages, erlaubet hätte. „Preis=
würdig sind deswegen solche Landesgrundgesetze, wo
Herr und Land sich nach solchen Grundsätzen verei=
nigen, wie es z. E. im anhaltischen Landtagsab=

F 4 schiede

d) Vergleiche hier die vortrefliche Abh. des geh.
Justizraths Pütter: „Von der Bestim=
mung, welche die Landeshoheit mit jeder
andern höchsten Gewalt gemein hat, daß
sie nur zur gemeinen Wohlfart statt findet.
In dessen Beyträgen zum t. Staats= und
Fürstenrechte.

schiebe 1652 heißt: Alle unsere Rathschläge und
Handlungen nach Erforderungen unsers fürstlichen Amts auf das gesammte Wohlergehen
einzurichten; oder im mecklenburgischen Landes-
grundvergleiche 1755: Die Wohlfart und Zufrie-
denheit unserer Unterthanen aller Stände zu
befördern. e) „Weswegen auch diesem heiligen
und allgemeinen Grundgesetze der gemeinschaftlichen
Wohlfart eine unabänderliche Stelle in allen Wahlkapitulationen der geistlichen Staaten anzuweisen
wäre. Noch preiswürdiger aber, wenn sich dabey
die Sorgfalt der Volksrepräsentanten nicht beruhigte;
wenn man sich selbst mit einer nähern Entwicklung
dieser philosophischen Regentenpflichten f) in passen-
der Anwendung auf die geistlichen Staaten zum wahren

e) Pütters alleg. Abh. §. 50.

f) Diese hat uns die Philosophie des Danis-
mende nach einer allgemeinen Uebersicht in
diesen wenigen, aber treflichen Worten vorge-
zeichnet:
„Einem jeden sein Recht wiederfahren zu
lassen, und alle Ungerechtigkeiten, die er nicht
verhindern kann, zu bestrafen;
Die tauglichsten Personen zu den öffentlichen
Ehrenstellen und Aemtern zu befördern;
Die Verdienste zu belohnen;
Die Staatseinkünfte weislich anzuwenden;
Und seinen Völkern sowohl innerliche Ruhe
als Sicherheit zu verschaffen." Der goldne
Spiegel, oder die Könige von Scheschian,
2 Th. S. 16 nach der reutling. Ausg.

ren Besten dieser Lande beschäftigen, wenn man diese, wenigstens die wichtigsten derselben, noch durch das neue Band vertragsmäßiger und beschworner Obliegenheiten befestigen, und durch solche vertragsmäsize Bestimmungen zur Ausfüllung einer beträchtlichen Lücke in der positiven Staatsverfassung Teutschlands, zugleich zum Ruhme unseres aufgeklärteren Jahrhunderts, den ersten glücklichen Versuch zu einer philosophischen Landesgrundgesetzgebung wagen wollte. Nicht ohne Grunde befürchte ich sonst, daß, aller Fortschritte in der Staatenphilosophie ungeachtet, der philosophische Staatsgrundsatz der gemeinen Wohlfart in manchen Landen nur eine durch den Genius des Zeitalters abgenöthigte, aber im Grunde sehr leere Kanzleyformel verbleiben dörfte. Manche wichtige Beyträge zu diesem Versuche wird der nachdenkende Leser und Staatenbeobachter in der angeführten Abhandlung, und in einer andern dieses berühmten Staatsrechtsgelehrten, g) mit leichter Mühe sammlen, sodann aber mit mehreren andern aus dem

F 5

staats-

***

g) Von der Bestimmung, welche die Landeshoheit mit jeder andern höchsten Gewalt auch darinn gemein hat, daß einem jeden sein wohlerworbenes eigenthümliches Recht zu lassen ist. In Pütters Beyträgen N. 20. Mit dieser Abhandlung ist noch des lüneburgischen Landschaftssyndikus sehr lesenswürdiger Beytrag zur Entwicklung der natürlichen Rechte der höchsten Gewalt in Rücksicht auf bürgerliche Freiheit (1783) zu verbinden.

staatsrechtlichen Umfange der einzelnen Hoheitsrechte
bereichern können. Ich lese in dem Wahlvertrage
eines noch lebenden geistlichen Reichsfürsten: ,, Wir
sollen und wollen auch keine Dienste ums Geld begeben, weder gestatten, daß von andern dergleichen
Verkauf und Spendiergelder oder andere Geschenke angenommen werden, sondern wollen vielmehr im Betretungsfalle solche dem gemeinen Wesen so schädliche Unterschleife, wodurch mit Aus-
schließung meritirter Männer das Land mehrentheils
mit unwissend- und das Land aussaugenden Leuthen
angefüllet wird, mit Nachdruck und bewandten Umständen nach mit Kassation bestrafen, übrigens aber
zu Bedienungen ordentliche, fleißige, und geschickte
Personen annehmen. '' Vortreflich, und richtig aus
dem Grundprincipium der Staatenwohlfart abgelei-
tet! Nur noch einige nähere Bestimmungen hinzu,
und diesem Staaten Ungeheuer wird seine schädliche
Kraft benommen seyn, welches schon in manchen
Landen wegen der leidigen Folgen größere Verhee-
rungen angerichtet hat, als ein feindlicher Ueberfall. h)

Wahl-

---

h) S. die Schrift: Ueber den Diensthandel
teutscher Fürsten 1786, auch den Esprit des
Loix, liv. V. chap. 17: *Des Présens.* ,,Plato,
in dem Entwurfe von einer Republik, wollte,
daß diejenigen, welche Geschenke nähmen, um
ihre Schuldigkeit zu beobachten, am Leben ge-
straft werden sollten. Man muß, spricht er,
weder für gute noch schlimme Sachen Geschenke

Wahlstaaten sind gewöhnlich dem offenen und be-
mäntelten Mißbrauche der Exspectanzen zu den
Staatsstellen mehr als Erbstaaten ausgesetzt. Was
läßt sich aus dem Staatsendzwecke dafür und dagegen statuiren? Ein wichtiger Artikel zu der Perpetua eines geistlichen Wahlstaates, wenn man die
staatsrechtliche Gränzlinie gehörig zu ziehen weis i).
Wenn gleich meines Wissens noch keine kais. Debit-
commissionen in den geistlichen Staaten eingerückt
sind: so ward doch bisher in wenigen so gewirtschaf-
tet, wie es die natürlichen Regentenpflichten fodern.
Ein erheblicher Gegenstand, welcher auf das Wohl
und Wehe ganzer Lande schon außerordentlich gewir-
ket hat, und der gewißlich die patriotische Aufmerksamkeit der Theilnehmer an irgend einer Perpetua
erregen wird. In dem von dem kais. Hofe bestätigten würtembergischen Erbvergleiche von 1770 ist
einiger Stoff hierzu sehr zweckmäßig zubereitet. k) U.
f. w.

────────────

schenke nehmen." Montesquiou am
angef. O.

i) Vergleiche Leyfers Differt. de iniquitate &
recto usu exspectantiarum, am Ende des 4.
Toms f. *Medid. ad Pand.*

k) Claffe 4. *Cameralia* betreffend. „Abdruck
des zwischen Sr. des regierenden Herrn Herzogs zu Würtemb. Herz. Durchl. und gesammten Prälaten und Landschaft des Herzogthums
fub dato 27 Febr. und 2 Mart. 1770 abgeschlof-
fenen Erbvergleichs. Nebst beygefügter kaifer-
licher Bestätigungsurkunde." In Fabers
neuen europ. Staatsk. 31 Th. S. 335-478.

f. w. So wichtig scheint mir zu unsern Zeiten in einer Perpetua, in einem jeden andern Landesgrund= gesetze, eine nähere aus dem Staatsendzwecke her= zuleitende Entwicklung und vertragsmäßige Bestim= mung der natürlichen Landesherrlichen Regenten= pflichten! Einige weitere Beyträge dazu werden sich bey Fortsetzung dieser Abhandlung noch darstellen.

Die gesetzgebende Gewalt, und das damit eng verbundene Hoheitsrecht Privilegien zu ertheilen, sind zwar von einem sehr ausgedehnten Umfange, aber nicht, weder ohne philosophische, noch positive Schranken, gegen derer willkührliche Uebertretung schon ganze Landschaften ihre Beschwerden an den höchsten Reichsgerichten erhoben haben. Eine vor= sichtige Wahlkapitulation sorget dafür, daß Be= schwerden dieser Art nicht leicht entstehen können. Vergleiche zur Probe den, schon angeführten wür= tembergischen Erbvergleich, mit Zuziehung des, auch vom kaiserl. Hofe bestätigten, meklenburgi= schen Erbvergleiches vom 18. April 1755. 1)

Gewisse Gerechtigkeit erwecket Freiheit, Wissen= schaften und Industrie. Gewisse Gerechtigkeit bele= bet, stärket den Staat. In dieser Rücksicht sind es für die Zukunft keine frohe Aussichten, wenn Kabi= netsjustiz in vielen Staaten bis auf Kabinetsmacht=

sprüche

———————————

1) Im Anhange zu Jargows Einleitung zu der Lehre von den Regalien. 1757.

sprüche von Tage zu Tage herrschender wird. Noch
ehe der Präsident Montesquiou gegen die Kabi-
netseinflüsse in Justizsachen sein menschenfreundliches
Herz erhoben hatte: m) sagten es schon lange vor-
her unsere Reichssatzungen, daß die Rechtshändel
der Unterthanen von den ordentlichen Gerichtsstellen
untersucht und entschieden werden sollen. n) Bekanntlich sehen es auch die Beysitzer der höchsten
Reichsgerichte als einen Theil ihrer Amtspflicht an,
sich bey jeder Gelegenheit diesem einreissenden Stro-
me der landesherrlichen Willkühr standschaft zu wi-
dersetzen. Das Reichshofraths-Conclusum in Sachen der meklenburg. Ritter- und Landschaft
contra den Herrn Herzog zu Meklenburg *in puncto*
der Landesgrav. vom 19. Okt. 1724 memb. 6 druckt
sich deßfalls in folgenden sehr nachdrücklichen Formalien aus: o) „3. seynd in causis fiscalibus die Ap-
pellationes von dem Consistorio und beeder Justiz-
kanzleyen an das Land- und Hofgericht — zuzulas-
sen, und wird diesemnach autoritate cæsarea das an
das Hofgericht dißfalls ergangene Fürstliche Inhibi-
torium

---

m) Im *Esprit des loix*, *liv.* 6. *chap.* 5 und 6, mit
Zuziehung des *chap.* 6. *liv.* 11.
n) Vergleiche die C. G. O. von 1495. §. 29, die
C. G. O. von 1555. 2. Th. 1. Tit. im Eingange, und den Reichsdeputationsabschied
von 1600. §. 15.
o) Merkwürdig. Reichshofraths-*Concl.* 2. Th.
Concl. 215.

torium vom 9. Aug. 1709 hinwider kaſſirt und aufge=
hoben, — 5. Wird der Herr Herzog erinnert, über
die von Dero Vorfahren publicirte, und von Ihro
Kaiſerl. Maj. allergnädigſt confirmirte Land = und
Hofgerichtsordnung alles Ernſts zu halten, zu ſol=
chem Ende wider die Reichsſaßungen und Landes=
verfaſſungen die bey dem Land= und Hofgericht, in=
gleichen bey denen Canzleyen und Conſiſtorio anhän=
gige, oder dahin gehörige Sachen, nicht zu avoci=
ren, noch ſolche an Dero Regierung oder Cammer
zu ziehen, vielmehr aber denen Gerichten ihren
Lauf zu laſſen, dieſelbe unter keinem Schein
durch *Mandata, Inhibitiones*, oder ſonſt zu hin=
dern und zu verzögern, oder durch *Avocation*
und Erforderung deren Akten *ad inſpiciendum
in Adminiſtration* der Juſtiz zu hemmen, oder
ihnen, ſo lang ſelbige denen Rechten und der
Ordnung gemäß ſich verhalten, auf was Art
und Weiſe ſie verfahren und ſprechen ſollen,
vorzuſchreiben, ſondern deren Aſſeſſoren und
Räthe, Gewiſſen und Pflichten, womit ſie de=
nen *Judiciis* verwandt, ſolches zu überlaſſen,
ungeachtet auch Ihm dem Herrn Herzogen ſowohl
die Viſitation des Hofgerichts nach Maßgebung der
Ordnung, als die Erforderung des Berichts und
rationum decidendi von ſelbigem Hofgericht aller=
dings bevorbleibet; ſo ſey jedoch hierdurch keines=
weges der Lauf der Juſtiz zu protrahiren, noch der
obſiegende Theil an dem Effekt der erhaltenen Urthel

zu

zu hindern, vielmehr die Sache in dem Stand, wie
sie befindlich, vor dem Hofgericht, ohne Abwartung
der Fürstl. Resolution, excepto manifestæ nullita-
tis casu, fortzusetzen, und, denen Rechten nach,
zur Endschaft zu befördern; Nicht weniger das zeithero in diesen und obergehenden Punkten, der Justiz
zuwider, etwa veranlasset worden, hinwieder abzu-
stellen, und in specie die an das Land- und Hofgericht in puncto causarum fiscalium — ergangene
Fürstliche Mandata wiederum aufzuheben, und das
Land- und Hofgericht sowohl, als die Justiz-Canz-
leyen, da ferne dergleichen mehrere Rescripta avocatoria, suspensiva, Inhibitiones und Mandata,
wie in denen Processen zu verfahren, oder zu sprechen, an selbige abgelassen seyn sollten, oder noch
werden möchten, solcher ohngehindert, in denen
Rechtssachen dergestalten, wie es ihrer Ordnung,
denen Reichs- und Landessatzungen, genommenen
Rechten und Actis gemäß zu verfahren, diesemnach
insonderheit angeregtes Examen ad perpetuam rei
memoriam — fortzusetzen, und die von ihnen publicirte judicata zur Execution gebührend zu bringen,
immassen solches insgesammt von Jhro kaiserl. Majestät also hiermit allergerechtest verordnet und fest-
gestellet wird." In einem andern Reichshofrathsresolutum vom 14 Nov. 1763 *contra* Kurpfalz, als Herzogen zu Jülich und Berg heißt es unter andern: p)

„Aller-

_____

p) Bey Moser in den Zusätzen zu s. neuen
    teutschen Staatsr. 1. Th. S. 619 u. s.

„Allermaſſen aber die oben bemerkte avocatio cauſæ und darüber fernerweit erfolgte Verfügung nicht nur gegen die Reichsſaßungen, und wiederholte, dem Herrn Churfürſten nicht unbekannte, kaiſerl. Verordnungen, ſondern auch gegen die Jülich- und Bergiſche Landesverfaſſung — anlauffe; ſo verſeheten ſich Kaiſ. Majeſtät (mit Verwerffung derer von dem Düſſeldorfiſchen geheimen Rath dagegen gemachten Einwendungen,) zu des Herrn Churfürſten Juſtizliebe und hochnder Gemüthsbilligkeit in Aufrechthaltung guter Ordnung, fernerweit, es werde Derſelbe in Zukunft nicht mehr zugeben, daß einige Juſtizſachen von denen Jülich- und Bergiſchen Dicaſterien ab- und an das Cabinet gezogen, noch aus ſolchen abgeurtheilet werden, ſondern es werde vielmehr der Herr Churfürſt von ſelbſten daran ſeyn, daß die in gegenwärtiger Sache aus dem Cabinet zu publiciren anbefohlene Urtheil uneinſtellig aufgehoben, und eingezogen, fortan dem Düſſeldorfiſchen geheimen Rath anbefohlen werde, dargegen jene Urtheil zu publiciren, welche von denen zuſammengeſetzten Düſſeldorfiſchen Juſtizcollegiis durch die Mehrheit der Stimmen abgeſchloſſen worden.” In einer Reichshofraths-Reſolution vom 11. Aug. 1783 in Sachen Volk & *Conſorten contra* den Herrn Fürſtbiſchofen zu Speyer *Reſcripti pto rejectionis ab officio* kömmt memb. 2 folgende Stelle vor: q)

„Nach-

---

q) Bey Schlözer in den Staatsanz. 29 Th. S. 51.

„Nachdem die Untersuchung der Vergehung — ein Gegenstand sey), welcher lediglich ad Forum justitiæ gehöre; als werde der Herr Fürstbischof hiemit erinnert, seiner Regierung und dem Vicedomamte, weder durch Kabinets Resolutionen, noch auf andere Weise, darinn vorzugreifen, sondern der Sache ihren rechtlichen Lauf, und diese ertheilte allerhöchste reichsgesezmäsige Weisung zu seiner künftigen unverbrüchlichen Richtschnur in allen Justizsachen dienen zu lassen." Und noch jüngst — den 25 Sept. 1787 — ward von dem Reichshofrathe an den Bischof zu Passau rescribirt: r) Kaiserl. Majestät hätten aus seinem — Berichte mißfällig ersehen, welchergestalten der Herr Fürst in einer blos die jura privatorum & proprietatis betreffenden Sache allen Rechtsweg unter dem Vorwand einer Polizeyanstalt schlechterdings zu versagen, und selbst gegen die Meinung seiner nachgesezten Justizstellen mit unerlaubten und an sich schon reichsgesezwidrigen Kabinetsresolutionen durchzufahren, ja so gar in der Folge die kais. allerhöchste Gerichtsbarkeit zu bezweifeln sich ermächtiget habe; gleichwie nun kais. Majestät mit ausdrücklicher Verwerfung der dießfalls aufgestellten reichsgesez-und ordnungswidrigen, die Kaiserl. Judikatur

---

r) Journal von und für Teutschl. für das Jahr 1787. II. St. S. 424.

difatur beftreitenden Principiorum ein und an=
deres dem Herrn Fürften in Kaif. Ungnaden ver=
wiefen; fo wollten allerhöchft Diefelbe ihm Herrn
Fürften auch ernftlich befohlen haben, in Zukunft
von derley Verfahren fich enthalten, und dem
Stift Niedernburg feinen an Kaif. Maj. genomme=
nen Recurs auf keinerley Art und Weife entgelten
zu laffen." Daß das Kammergericht nach gleichen
Grundfätzen verfahre, erhellet aus einem dafelbft in
caufa v. Hammerftein & conf. contra v. Metternich
entfchiedenen Falle, welchen **Cramer** s) anführt,
und aus dem Urtheile vom 16. Juni 1787 in Sa=
chen Georg Schanzenbach — wie auch Franz
Molitors, Appellanten eines, wider die fürftliche
Speyrifche Regierung zu Bruchfal — andern
Theils, t) worinnen dem Herrn Fürftbifchofe zu
Speyer die Kabinetsjuftiz abermalen durch folgende
nachdrückliche Weifung unterfagt ward: "Uebrigens
wird der Herr Fürft und Bifchof, daß derfelbe
künftig die *jura partium* betreffende Sachen
nicht aus feinem Kabinete entfcheiden, fondern
folche zu den ordentlichen Gerichten verweifen,
auch in denen an dem Kaif. Reichskammergerichte
rechtshängigen und blos die litigirende Theile betref=
fende Sachen der einen oder der andern Parthey zu
erfchei=

---

s) In *Obferv.* Tom. 2. P. 2. *Obferv.* 691.
t) Bey **Reuß** in der t. Staatsk. 20. Th. S.
436. III.

erscheinen, und zu handeln nicht ferner untersagen soll, ernstlich und mit der Warnung, daß im Wiederhohlungsfall nachdrucksamere Reichs-konstitutionsmäßige Verfügungen getroffen werden sollen, angewiesen." u) Glückliche Lande, wo der Unterthan, um sich bey dem Seinigen zu er-halten, nicht erst den beschwerlichen Weg nach Wetz-lar oder Wien wandern muß; wo er sich vermöge ausdrücklicher landesherrlichen Erklärungen der un-partheylichsten Justiz, ohne die mindeste Einmischung des Kabinets in die Rechtspflege, erfreuen kann: oder, wo die reichsgesetzlichen Grundsätze nach über-standenen harten Stürmen, selbst durch ausdrückliche Verträge zwischen den Landesherrn und Unterthanen, wider künftige Einmischungen bestens gesichert sind. Ganz vortreflich sind in jener Beziehung folgende Worte der Kurfürst-Braunschweigisch-Lüneburgischen Oberappellationsgerichtsordnung: w) „Wie sich im übrigen ohnedem gebührt, daß dieje-nige, welche in Rechtssachen etwas zu suchen, ihre Nothburft derentwegen bey denen Gerichten und Collegiis, vor welche dieselben in erster Instanz ge-

G 2 hören,

---

u) Eine über Kabinetsjustiz gut angebrachte Stelle in der Wahlkapit. dieses Fürstbischofs, statt mancher zweckwidrigen, die er beschwören muste, würde seinen Unterthanen schon manche glücklichere Stunde verschaffet haben.

w) Im Eingange auf der 5ten Seite.

hören, an= und vorbringen, und folgends solche
Sachen vor selbigen zu Recht ausführen, und da
jemand rechtmäßige Ursachen zu haben vermeinet,
sich über dieselbe, oder deren Erkänntnissen beschwe=
ren zu können, an die *Judicia immediate superiora*,
als welche dazu verordnet sind, daß sie über die
Beschwerden, die über die nachgesetzte Judicia ge=
führet werden, kognosciren, sich damit wende, und
daselbst rechtliche Hülfe suche; so setzen und ordnen
Wir hiemit ernstlich, daß niemand, der in Sachen,
welche durch die Justiz zu erörtern, etwas zu suchen
hat, solches anderswo, als bey denen Gerichten
und Collegiis, vor welche dieselbe entweder in prima
oder secunda instantia ihrer Eigenschaft nach gehö=
ren, folglich wann jemand auch über dieselbe, und
die bey selbigen ergangene Erkänntnissen sich mit
Grund beschweren zu können vermeynet, dasselbe
bey unserm Oberappellationsgerichte anbringe und
suche, und derjenige, der sich unterstehet, derglei=
chen Sachen, dieser unser Ordnung zuwider, aus
Malitz an andere Oerter zu bringen, und durch un=
zuläßige artificia, oder auch Vorbringung allerhand
Unwahrheiten durchzutreiben, und ein und andere
der Justiz zuwider laufende Verordnung zu erschlei=
chen, mit ohnnachläßiger Strafe angesehen, und
doch die Sache an das *Judicium* dahin sie gehö=
ret, verwiesen werden soll. Immaßen dann solch
Judicium dessen ohngeachtet, sowohl in diesem Fall,
als wann ein oder ander in Dingen, so in die Justiz
laufen,

laufen, von jemand, wer das auch ſeyn möchte, beſchweret, und an ſeinem Recht verkürzet zu ſeyn vermeynet, ſich an unſere Canzeleyen und Hofgerich: ten, wie er zu thun wohl befugt, wendet, und die Sache allda mit ſeinem Gegentheil, oder unſerem Amtsanwalde gerichtlich auszuführen ſich getrauet, in Adminiſtrirung der Juſtiz ohne alle Hinderung fortzufahren, wie dann auch ſo wenig von unſerm Oberappellationsgerichte, als ſonſt jemanden denen: ſelben und andern in unſerm Churfürſtenthum und Landen befindlichen Gerichten oder Juſtizkollegiis, in denen ihnen anvertraueten und obliegenden Ver: richtungen ſo wenig *per avocationem cauſarum*, als ſonſten einiger Eintrag und Hinderung ge: ſchehen ſoll.” In der Klaſſe der Verträge hinge: gen finde ich eine Stelle in dem gedachten mecklen: burgiſchen Erbvergleiche, x) welche ſo richtig und vorſichtig abgefaſſet iſt, daß ich derſelben hier einen Plaz einräumen muß:” Wir wollen auch weder den Hof: und Landgericht noch unſern übrigen Lan: desgerichten in Verwaltung der Juſtiz Aufenthalt machen, oder durch Unſere Regierung oder Cammer verurſachen laſſen, folglich durch keine Mandata oder Inhibitiones oder ſonſt durch Avocationes Hinder: niß und Zögerung der Juſtiz erwecken, weniger die Gerichtsverwandte durch abſonderliche Befehle belä:

G 3 · · · · · · · · · · ſtigen

---

x) §. 396, 397 und 98.

stigen und beschweren, oder ihnen auf was Art und
Weise sie verfahren, oder sprechen sollen, vorschrei-
ben, sondern wollen solches der Gerichts-Assessoren
und Räthe Gewissen und Pflichten, womit Sie den
Gerichten und der Gerechtigkeit verwandt, überlassen. Und daferne die eine oder andere Parthey, der
ergangenen Urteln und Bescheide halber, sich gravi-
ret zu seyn erachten wird, soll selbige die ordentlichen Wege und Mittel des Rechten an die Hand
nehmen, und sich deren zu gebrauchen haben. Jedoch behalten Wir uns, wann nöthig, ein Visita-
tion Unsers Hof- und Landgerichts, nach Maaßgabe
der Hofgerichtsordnung anzustellen, und alsdann
gebührlich Einsehen zu thun, hiemit ausdrücklich
bevor. Wenn demnach sich jemand über einen Spruch
bey uns beschweren wird; so wollen Wir zwar von
dem Gerichte Bericht, mit den Ursachen des Verfahrens oder Erkänntnissen erfordern, jedoch durch
Vorschreibung des fernern Verfahrens oder weiteren
Erkänntniß, keinesweges den Lauf der Justitz auf-
halten, noch dem obsiegenden Theil an dem Effect
der erhaltenen Urthel hinderlich seyn, sondern die
Sache in dem Stande, wie sie befindlich, von den
Gerichten, ohne Abwartung Unserer Resolution,
auf vorgedachten Bericht, excepto manifestæ nulli-
tatis casu, fortsetzen, und den Rechten nach, zur
Endschaft befördern, nicht weniger was zeithero in
diesen und oberwehnten Punkten der Justitz zuwider,
etwa veranlasset worden, hinwieder abstellen lassen.

Wie

Wie dann Unsere Landesgerichte, daferne dergleichen
Rescripta avocatoria, suspensiva, Inhibitiones
und Mandata, wie in den Processen zu verfahren
oder zu sprechen, an selbige sub & obreptitie aus-
gebracht, und abgelassen werden sollten, authori-
siret seyn sollen, solcher ohngehindert in den Rechtssachen dergestalt, wie es ihrer Ordnung, den Reichs-
und Landessatzungen, gemeinen Rechten und Aktis
gemäß, zu verfahren." Da diese, auch schon zum
voraus vom kaiserlichen Hofe genehmigte, Stelle
nicht einen Satz enthält, welcher mit dem Sinne
unserer Reichssatzungen und den Grundsätzen der
höchsten Reichsgerichte nicht vollkommen übereinstimmte: so haben die Kapitel nicht zu befürchten,
daß sie der kaiserliche Hof mißbilligen wird, falls sie
diese zum Muster einer ähnlichen vertragsmäßigen
Verfügung in ihren Kapitulationen, und zum Troste
der guten Unterthanen, wählen sollten. y)

Ein anderes Gemählde aus der sehr reichhaltigen Bildergalerie des teutschen Despotismus! Un-

G 4   geach-

y) Mit dem Innhalte des mecklenb. Erbvergl.
stimmt auch in der Hauptsache der würtembergische Classe I ad grav. II. sub memb. 1. §. 1
überein. Add. Classis I. ad grav. III. „Vom
rechtlichen Verfahren in beschuldigten Verbrechen." Ehre und Freiheit muß in einem
wohlregierten Staate so gut, noch mehr, als
Eigenthum gesichert seyn.

geachtet das Besteurungsrecht, der Regel nach, ein
Stück der Landeshoheit ist: so irrte man doch sehr,
wenn man dem Landesherrn schmeichlen wollte, daß
er uneingeschränkt Steuern und Lasten den Untertha=
nen auflegen könne. Eine freyere Besteurung wurde
zwar von den Reichsständen im Jahre 1670 gesucht,
aber vom kaiserl. Hofe nicht genehmigt; vielweniger
daß an eine ganz uneingeschränkte Besteurung, auch
wenn die Beyträge zum Wohle des Landes verwen=
det werden sollen, zu denken wäre. Die Rechte der
Unterthanen wider diese landesherrliche Willkühr zu
sichern, ist unverkennbares Verdienst um teutsche Frei=
heit; und da vielleicht noch kein Gegenstand der lan=
desherrlichen Hoheit reichhaltigere Materialien zu
Betrachtungen und Erfahrungen gab, als dieser: so
fehlt es auch gewißlich bey einer nur mäßigen Kennt=
niß des menschlichen Herzens und der teutschen
Staatsverfassung an Stoffe nicht, diesen Artikel
zum Wohle der Unterthanen aufs sorgfältigste ab=
zufassen.

Die Domkapitel sehen es gewöhnlich als eine
Folge der sogenannten Erb= und Grundherrschaft an,
daß ohne ihr Vorwissen nichts von dem Stiftseigen=
thume veräussert werden kann. So wenige Beru=
higung nun auch die Herleitung dieses rechtlichen
Grundsatzes aus dieser Quelle für mich hat: (an=
dere Vorerinnerung) so ist doch diese wichtige Be=
fugniß von einer andern Seite durch mehrere positive,

geistl

geiſtliche ſowohl, als kaiſerliche z) Satzungen und ein vielhundertjähriges Herkommen auſſer allen Zwei-ſel, welchem gemäs in der perpetuirlichen Wahlka-pitulation von Osnabrück aa) weiſlich verſehen iſt: „Sollen dieſes Stifts Amthäuſer, Tafel-Renten, Zinſen und andere Güter, als Mühlen, Zehenden, Wieſen, Kämpfe, Ländereyen, Fiſchereyen, und alles was ſonſten darzu gehörig, nichts davon aus-beſchieden, ſo wohl in der Stadt als im Stift gele-gen, ohne Conſens und Bewilligung des Domka-pituls nicht alieniret, entäuſert oder verpfändet, ſon-dern die, ſo veräuſert, und andere hypothecirte und verpfändete Güter, nächſt dem Biſchof auch dem Domkapitul oder deſſen Perſonen verändern, jedoch ſub eodem jure hypothecæ reluibili & ſalvo jure

G 5   dominii

---

z) *Conſtitutio Conradi II. de* 1209 *Friderici I. Regis præceptum ſolenne confirmatorium Ar-noldo II. Archiepiſcopo colonienſi conceſſum pro recuperandis prædiis ad menſam archie-piſcopalem ſpectantibus, perperam in feudum conceſſis de* 1153. *Aurea bulla* **Friderici II,** *qua conſtitutum eſt, Epiſcopo non licere bona eccleſiaſtica infeodare,* de 1230 und **Königs Wilhelm** Konſtitution von 1255 bey **Sen-fenberg** in *corp. j. feud. Germ.* edit I. p. 530, 520, 552 und 565. Cf. **Strubens** Rbſt. I. Th. I. Abh. §. 18.

aa) Artik. 39. Einen richtigen Abdruck von die-ſer Wahlkapit. findet man in des Herrn von **Meiern** Nürnberg. Friedensexecutions-handlungen T. 2. p. 534.

dominii einzulößen vergönstiget werden. " Ein Wegweiser für alle Domkapitel, welche etwan diesen Pfad noch nicht gegangen sind.

Im würtembergischen Erbvergleiche von 1770 ist verglichen: bb) „Was das Münzwesen betrifft, so werden seine herzogl. Durchlaucht sich der ihnen zustehenden Münzgerechtigkeit in Zukunft dergestalt bedienen, damit denen Reichs= und Creys=Schlüssen hierunter ein völliges Genügen geschehe, und das Land nicht durch Ausprägung ringhaltiger Sorten in Schaden und Verlust gerathe. " Dieser Artikel ist so zweckmäsig abgefaßt, daß man demselben in einer jeden Perpetua eine dauerhafte Stelle in dieser Art anweisen könnte.

dritte Grundregel. Drittens nicht nur, wo es auf Erhaltung und Befestigung unstreitiger Rechte und Freiheiten, wo es auf Abstellung offenbarer Mißbräuche der Landeshoheit, und eine genaue Erfüllung der natürlichen sowohl als positiven landesherrlichen Regenten=Pflichten ankömmt, sondern auch alle und jede andere Wahlartikel sind als erlaubt und rechtsverbindlich anzusehen, welche über solche Regierungsverhältnisse abgefaßt sind, die durch die Reichsverfassung unbestimmt, und vom Ursprunge der Landeshoheit her der eigenen Bestimmung und Auskunft zwischen den Landesherrn und ihren Unterthanen, oder derer Repräsen=

bb) Classe 4. §. 22.

präsentanten, überlassen blieben, wenn nur solche Artikel den Gerechtsamen irgend eines dritten, der heutigen Reichsverfassung, oder dem gemeinen Besten,
nicht zuwider streiten; unangesehen, daß die Landeshoheit der geistlichen Fürsten bald weniger, bald
mehr, dadurch beschränket oder gemäßiget wird. Es
ist erwiesen, daß es der Natur der teutschen Landeshoheit nicht widerspricht, daß diese noch heut zu Tage
durch stillschweigende oder ausdrückliche Verträge der
Unterthanen oder derer Repräsentanten mit ihren
Landesherrn Einschränkungen in den gedachten Regierungsverhältnissen unter den gedachten Klauseln
erhalten könne. (Erste Vorerinnerung.) Es ist
also auch zum voraus leicht erweislich, daß es der
Territorialhoheit der geistlichen Landesherrn nicht
widerspricht, wenn in den geistlichen Staaten auf
jene Fälle ein Repräsentationsrecht für die teutschen
Domkapitel, als ein Theil ihrer Kapitulationsbefugniß, behauptet wird. Daß aber auch wirklich die
Unterthanen in den geistlichen Staaten ihre, in jenen Fällen, ihnen ursprünglich zuständige Rechte
(S. 59 u. f.) auf die Domkapitel übertragen haben,
daran ist um so weniger zu zweifeln, da bey mancherley kapitularischen Verfügungen von dieser Klasse
noch keine Unterthanschaft ihre ursprüngliche Rechte
reklamiret hat, und nicht leicht ein Unterthan, wenn
alle ausdrücklich befragt werden sollten, dieser blos auf
die Erhaltung der teutschen Freiheit und das gemeine Beste abzielenden Repräsentations- und Ka-

pitula-

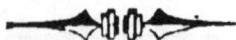

pitulationsbefugniß widersprechen wird, besonders,
wo auf der andern Seite dem Mißbrauche dieser Befugniß durch die Kraft des kaiserlichen Hoheitsrechts
der aufsehenden Gewalt hinlänglich gesteuert ist. (S.
80 Not. b) Und da es keinem philosophischen und
positiven Staatsrechtsgelehrten unbekannt ist, wie
oft man bey Bestimmung gründlicher Theorien in
der Staatsrechtswissenschaft zur rechtlichen Quelle
der stillschweigenden Einwilligung hingewiesen wird:
so sollte ich kaum noch erinnern, daß es in der rechtlichen Wirkung einerley sey, ob man sich diese Uebertragung von Seite der Unterthanen als eine ausdrückliche oder stillschweigende vorstellen will. Gewißlich
verdient ferner alle Aufmerksamkeit, daß diese von
mir angegebene dritte Grundregel selbst durch das
Grundgesetz des W. Friedens sowohl, als bey den
nachherigen Executionstractaten, in dem besondern
und merkwürdigen Beispiele der stiftischen Osnabrückischen Wahlkapitulation anerkannt ist. (S. 49 u. f.)
Ja, der kaiserliche Hof und der Reichshofrath wi-
widersprechen der gedachten Kapitulationsbefugniß,
zum Besten des Landes vertragsweise zu verfügen,
im Grunde nicht, cc) ob man gleich in der Aus-
dehnung

---

cc) Vergleiche hier das *Resolutum* des Reichshofraths in Sachen des Domkapitels zu Eichstätt *contra* den Herrn Bischofen und Fürsten daselbst *pro diversorum gravaminum*
vom 8. Dec. 1749, nebst Strubens gründlichen

dehnung und Anwendung derselben auf einzelne Fälle
nicht selten solche Gesinnungen wahrnimmt, welche
sich auf die angeführte Grundregel nicht durchaus zu-
rückleiten lassen. Zum rechtlichen Probiersteine hingegen der aus der gedachten Befugniß sich herleiten-
den einzeln Wahlartikel bestimme ich bey wirklicher
Ermanglung eines nähern gesetzlichen Regulatives
(s. die Vorrede) den ganzen Zusammenhang, den
Esprit der teutschen Staatsverfassung, und die Ana-
logie der Landesverträge, jener vorzüglich, welche
von dem höchsten Reichsoberhaupte untersucht, ge-
prüft und bestätiget worden sind, und auf derer Innhalt nachher die höchsten Reichsgerichte schon so vielfältig in den zwischen den Landesherrn und ihren
Unterthanen entstandenen Streitigkeiten gesprochen
haben, und noch täglich zu erkennen pflegen. Dieser Probierstein scheint mir um so zuverläßiger, da
die Territorialhoheit der geistlichen Landesherrn mit
keinem engern Bande zu Kaiser und Reiche bestricket
ist, als die der weltlichen, (S. 66.) und weil die
so gearteten Wahlverträge ihrem Geiste und Wesen
nach selbst als wahre Landesverträge zu betrachten
sind, (S 79.) also auch nach einerley Grundsätzen
mit diesen zu beurtheilen sind: oder man müste behaupten wollen, daß die ohne Simonie zum gemeinen

---

lichen Anmerkungen über dasselbe Tom. 3 s.
Abst. S. 449, u. s.

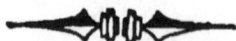

nen Besten geschehenen Einschränkungen der landes=
herrlichen Gewalt eines geistlichen Fürsten weniger
Kraft haben sollen, als wenn ein weltlicher Fürst
sich in ähnlichen, oder den nämlichen Fällen, durch
Verträge die Hände binden läßt; man müste bey je=
nen mißbilligen wollen, was bey diesen schon so
oft von dem kaiserl. Hofe und den höchsten Reichs=
gerichten als rechtmäsig und verbindlich ist anerkannt
und erklärt worden, welche Disharmonie meine Theo=
rie zu vereinigen nicht vermag. Fügte es sich nun
etwa, daß die Regierung eines geistlichen Landes=
herrn wirklich mehr eingeschränkt würde, als es die
Regierung selbst manches weltlichen Landesherrn ist,
der Landstände an der Seite hat, wo aber die Lan=
desverfassung meistens schon ihr ganz genau bestimm=
tes Regulativ hat, hingegen für die Landstände
heut zu Tage bey dem gewöhnlichen politischen Ueber=
gewichte des Landesherrn sich nur selten die günstige
Gelegenheit ergiebt, die Territorialgewalt ihres Für=
sten durch neue Verträge zum Besten des Landes ein=
zuschränken: so äußert sich eben hierinnen ein neuer
und sehr karakteristischer Vorzug unserer geistlichen
Wahlstaaten. Sie haben das mit allen Wahlstaa=
ten gemeinschaftlich, daß durch das friedfertige Mit=
tel von Wahlkapitulationen die Gebrechen der vori=
gen Regierung viel leichter als in den Erbstaaten ge=
heilet, für die Zukunft hingegen ohne besonderes Ge=
räusch solche Normen beliebt werden können, wo=
durch der Regent nur einen Willen, den Willen zum
Wohl=

Wohlthun haben darf. Die Wahlzeit ist in dieser
Rücksicht für unsere geistliche Staaten eine solche
entscheidende Krisis, daß es von dem thätigen Ernste
und den patriotischen Einsichten der Wahlherrn nur
abhängt, durch wenige Zeilen zum Besten des Landes das zu erzielen, wozu manche Landschaften erst
nach einem grossen Aufwande von Summen Geldes,
und einem Greuel vaterländischer Verwirrungen, gelangen konnten. Und wenn vielleicht frühe oder
späther teutsche Freiheit der Landeseinwohner durch
den teutschasiatischen Druck despotischer Staatsmaximen in den meisten weltlichen Staaten tief ins Grab
gebeuget ist: so wird ihr Andenken unter der krum-
stäbischen Regierung noch im gesegneten Andenken
blühen, der Nachbar aber aus dem weltlichen Staate
nur im Spiegel der bürgerlichen Freiheit noch sehen,
was seine teutsche und glückliche Urahnen waren,
er aber — jetzt ist. Wer übrigens die sämmtlichen
Betrachtungen von der ersten Vorerinnerung an,
bis hieher im Zusammenhange gelesen, erwogen und
geprüfet hat, wird nunmehr auch einsehen, daß die
hier angenommene dritte Regel nicht etwa aus dem
Grunde angefochten werden könne, daß sie dem nicht
minder gehässigen als gefährlichen Condominate
der Domkapitel (andere Vorerinnerung) das
Wort rede, oder doch gewißlich diesen nach sich
ziehe. Ein Einwand, der sobald in seiner Blöse
dasteht, als man nur gehörig alle Zweydeutigkeit und
Unbestimmtheit in den Begriffen zu vermeiden sucht.

Es

Es ist bey Einschränkungen von der bemerkten Klasse nicht die Frage von Einschränkungen der landesherrlichen Hoheit, welche durch den Begriff einer Mitherrschaft entstehen, wo zween oder mehrere Brüder, oder andere Gesammtherrschaften, ein Land in Gemeinschaft eines ungetheilten gleichen Eigenthums regieren; (S. 58 u. f.) nicht die Frage von solchen Einschränkungen, welche ihren Grund in der versiegten Quelle der Erb= und Grundherrschaft haben sollen; (S. 68 u. f.) weder die Frage von Beschränkungen, welche den Gerechtsamen irgend eines dritten, der heutigen Reichsverfassung, oder dem wahren Wohle des Landes entgegen sind: sondern nur von Mäßigungen der Landeshoheit, oder Einschränkungen solcher Art, welche, vom Ursprunge der Landeshoheit her, vermöge des bürgerlichen Freiheitsgeistes der teutschen Staatsverfassung in den weltlichen sowohl, als den geistlichen Reichsterritorien, in einer vertraulichen Verbindung mit der Landeshoheit standen, in dieser vertraulichen Verbindung mit einander fortwuchsen, und selbst an mehreren Stellen des Grundgesetzes des W. Friedens in diesem harmonischen Bande bey einander stehen; (S. 56.) ja, welche in eben diesem Grundgesetze und nachher bey Gelegenheit der Friedensexecutions=Tractaten selbst in dem Beyspiele eines geistlichen Staates, des von Osnabrück, als der Landeshoheit, und dem reichslehnbaren Verhältnisse derselben, ganz unnachtheilig,

lig, dd) und die, dem Vorgange und Geiste des
W. Friedens gemäs, auch von dem höchsten Reichs=
oberhaupte nach vorhergegangener strenger Prüfung,
und von den höchsten Reichsgerichten bey Abfassung
ihrer Urtheile schon vielfältig, als reichsstaats=und
lehnsverfassungsmäßig sind anerkannt und bestätiget
worden. (S. 61 u. f.) Kein Condominat also, wenn
man das Wort in seiner eigentlichen und juristischen
Bedeutung nimmt, so wenig, als in den Staaten,
wo Landstände sind, ein solcher Condominat behaup=
tet werden kann, nur eine, theils durch positive Vor=
schriften, theils durch das berathende oder entscheiden=
de Gutachten der Domkapitel, bald weniger, bald mehr
zum Besten des Landes eingeschränkte oder gemäsigte
Landeshoheit ist in dieser Regel ersichtlich. Wollte
man aber dieses Beschränkungsrecht der teutschen
Domkapitel dennoch ein Condominium, eine Mit=
regierung nennen: so überlasse ich gern einem jeden
andern diesen leeren Wortestreit. Und wo ist nunmehr
in dieser Lage der Sache was gefährliches, wider=
rechtliches, oder verfassungswidriges? Nur bestäti=
get sich dadurch wieder die Wichtigkeit der obigen
Anmerkung, (S. 72) wie viel darauf ankomme,
daß die Kapitel ihr Kapitulationsvorrecht aus dem
rechten Gesichtspunkte ansehen wollen. Die leider!

schon

---

dd) Siehe S. 57 u. 58. mit Zuziehung der 49,
50 u. 51. Seite.

H

schon mehrmals erlebte scientifische Erfahrung, daß eine schiefe Beweisführung schon oft für die beste Sache sehr nachtheilig war, ward auch bey diesem Gegenstande des teutschen Staatsrechts erlebt. Dieses dritte Hauptprincipium betrachte ich zugleich als die äußerste Gränzlinie der Kapitulationsbefugniß unserer Domkapitel; da selbst die Unterthanen keine größere Befugniß, als ihnen ursprünglich nach der teutschen Staatsverfassung zustand, ausdrücklich oder stillschweigend an die Domkapitel übertragen konnten: (S. 78 u. f.) nirgends hingegen diese Befugniß durch die Reichsgewalt über diese Gränzen erweitert ward. Es belohnt sich jetzt noch, nach meinem Dafürhalten, die Wichtigkeit dieser Grundregel selbst durch die Anwendung zu erweisen, und selbe wenigstens durch einige wichtige Beyspiele noch anschaulicher zu machen.

Patriotismus und Vaterland sind keine leere Namen, besonders, wo die Liebe zum Vaterlande durch die Erziehungsanstalten belebt, durch den vaterländischen Geschäftsgeist genährt, und durch Familien oder andere Bande noch enger ans Vaterland geknüpfet ist, der rechtlichen Gründe nicht zu erwehnen, welche den Eingebohrnen vor Ausländern nach gesunden Grundsätzen des allgemeinen Staatsrechts zustatten kommen. In dieser und in andern Rücksichten ist in dem würtembergischen Erbvergleiche von 1770, nach dem Vorgange schon älterer Landescompactaten, sehr weislich erneuert, daß der Herzog bey Ernennung der Mitglieder zu seinem geheimen

men Rathscollegium und den Kanzley = und Landes=
bedienungen „auf die Landesingesessene, wenn sie
hierzu tüchtig, vorzüglichst gnädigst Reflexion ma=
chen solle." ee) Die nähere Anwendung dieser all=
gemeinen Anordnung auf die besondere politische Lage
eines jeden Landes weiset sich von selbsten. Und so
sehr ich überzeugt bin, daß ein Landesherr in dem
landesherrlichen Rechte, die Staatsbeamten zu er=
nennen, zum Nachtheile des Landes zu sehr beschränkt
werden könne: ff) so wird doch gewißlich niemand
die Stelle in der osnabrückischen perpetuirlichen Wahl=
kapitulation gg) mißbilligen können. „Im Fall
aber das Domkapitel wider einen oder den andern
vor Leistung seines Eydes, oder bey währender sei=
ner Bedienung, rechtmäßige und erhebliche Einrede
haben würde, so soll der Bischoff dieselbe gutwillig
anhören, und darauf die Gebühr und Billigkeit ver=
schaffen." Wenn ferner hie und da, zur Zeit, wo
doch Philosophie und gesunde Politik schon manchem
Dinge seinen wahren Werth bestimmet haben, hh)

H 2 zum

ee) **Erbvergleich** *Claß.* 1 *Grav.* 2 *Submemb.* 2
§. 1 und *Claß.* 4 §. 24.
ff) Vergleiche die Abh. des **Posse** über Grund=
herrschaft ꝛc. §. 41 und **Struben** in den
Nbst. 1 Abh. §. 14.
gg) Artl. 42.
hh) Vergl. hier einen Aufsatz in der **Berliner**
Monatsschrift vom Monate Nov. 1787, und
Meiners und **Spittlers** hist. **Magazin**
1. B. 4. St. S. 643 u. f.

zum Nachtheile für den Dienst des Staats einschlei=
chen will, daß neugeschaffene Adelskreaturen mittelst
dreyer zufälligen Buchstaben um ein Vorrecht zu den
ersten Civilstellen buhlen: so scheint es mir wichtig
genug, daß dieser Keim eines neuen Verderbens'
frühzeitig unterdrückt werde. Aufmunterung und
Wetteifer sind meistens nur die einzigen Triebfedern,
dem Dienste den besten Mann zu verschaffen, oder
wie ich in dem angeführten historischen Magazine
lese! „In der ganzen Staatskunst giebt es keine
unläugbarere Grundsätze als diese: daß in einem jeden
wohlgeordneten Gemeinwesen Belohnungen eben so
nach dem Verhältnisse von Verdiensten, als Stra=
fen nach dem Verhältnisse von Schuld ausgetheilt
werden müssen, und daß willkührliche Belohnungen
und unverdiente Vorrechte nicht minder schädlich, als
willkührliche Strafen sind, indem durch die einen
das Genie, und der alles belebende Wetteifer eben
so unterbrückt, wie durch die leztere Ehre, Eigen=
thum, und Leben unsicher gemacht wird." Aber der
Patriot im Dienste, der nicht selten zum voraus zu
seiner Dienstbefähigung dem Vaterlande den grösten
Theil seines Vermögens aufgeopfert hat, dieser
Mann darf im Dienste nicht darben: noch ärger,
wo ihn das Vaterland mit seiner Familie abzeh=
ren läßt. Die Forderung ist gewißlich auch nicht
unbillig, daß die Besoldung so angerechnet werde,
daß der arbeitsame und ehrliche Diener auch noch
auf einen mäsigen Sparpfennig rechnen könne: denn

sonst

sonst ist er — schreibt Sartori — dem Taglöhs
ner oder dem Mousquetier gleich gesetzt. Versteht
sich ohnehin, daß ich nur von der zum Dienste des
Staates unentbehrlichen tüchtigen Dienerschaft rede.
Und dann glaube ich, daß auch ein jeder Staat,
groß oder klein, die verhältnißmäsige Kräfte habe,
diesen patriotischen Wunsch zu vollführen. Wie sieht
es aber damit in den meisten geistlichen Staaten
aus? Die meisten Besoldungen wurden in dem Jahr:
hunderte regulirt, wo das Huhn 4, 1 Pfund But:
ter 3 Kreutzer, 1 Pfund Rindfleisch 6, 1 Pfund
Kalbfleisch 4 Pfenninge galt; u. s. f. fast alles nach
dieser Proportion; viele verzehren pro Deo & Patria
den Rest ihres Vermögens, und bejammern im Stil:
len den unseeligen Gedanken ihrer Eltern, der sie zum
Dienste des undankbaren Vaterlandes erzog; die Seh:
nenkraft der Diener wird allmählich abgespant; ; ; —
und geschieht kein politisches Wunderwerk, so schei:
tert der Equipage wegen das Schiff, wenn son:
sten der Steuermann auch gut ist. Hierinnen liegt
unstreitig ein wesentlicher Mangel bey vielen geistli:
chen Staaten. Das Uebel frißt täglich tiefer in das
gesunde Mark dieser Staaten, und doch nur geringe,
oder keine Aussicht zur Radikalheilung dieses kroni:
schen Staatsübels. Stoff also, wichtiger Stoff,
wenigstens zur Vorbereitung dieses heilsamen Wer:
kes für die edlen Verfasser irgend eines temporellen
oder perpetuirlichen Wahlvertrages! — Der Dienst
des Staats gewinnt zugleich in vieler Rücksicht, wenn

H 3　　　　　der

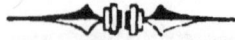

der rechtschaffene und thätige Diener sorgenfrey für
den unverdienten Verlust seiner Stelle sich ganz dem
Dienste des Staates widmen kann, und nicht bey
jedem mißfälligen Schritte — je wärmer der Diener über das Wohl des Vaterlandes spricht, um so
eher mißfällt oft der grad gehende und vortrefliche
Mann — den tödtenden Donnerschlag seines Despo-
ten, oder auch des besten, aber durch seine ränke-
volle Kabinetspersonen, oder die Chikane der Mitbe-
werber um den Dienst, verleiteten Fürsten fürchten
muß. Landesväter, die ihr schon oft, aber sehr un-
glücklicher Weise Fridrichen dem einzigen nach-
ahmen wolltet, ahmet dem Kraftmonarchen doch
hierinnen nach, und saget, gleich ihm, durch eine
Verordnung: „Kein Civilbedienter soll des ihm einmal verliehenen Postens, ohne Urtel und Recht wieder entsetzt werden.” ii) Da jedoch die Rechtsgelehrten

ii) **Entwurf eines allgemeinen Gesetzbuchs
für die preußischen Staaten** 1 Th. 2 Abth.
(1785) 5 Tit. §. 70. Und als **Fridrichs**
Nachfolger über die Frage, ob ein königl. Bedienter darum, daß seine Dienste nicht weiter nöthig sind, und die von ihm bekleidete
Bedienung überhaupt aufgehoben wird, dimittirt werden könne, ein pflichtmäsiges Gutachten von der Gesetzcomißion verlangte, ging
die durch Gründe unterstützte Meinung dahin:
„Daß ein königlicher Bedienter darum, daß seine
Dienste nicht weiter nöthig sind, und die von
ihm bekleidete Bedienung überhaupt aufgehoben
wird, nicht schlechthin und ohne ihn wegen des
verlohr-

lehrten die Frage zweifelhaft gemacht haben, und
also frühe oder späth den Nachfolgern in der Regie=
rung oder derer Ministern einfallen kann, — ich be=
diene mich des gelindesten Ausdrucks — nach dem
entgegen gesetzten unfreundlichen Principium zu han=
deln, dadurch, unter der Masque des Rechtens, die
Dienerschaft an ihren fürstlichen Eigendünkel oder
ihre ministerielle Laune desto enger anzuschmiegen: so
sorget, Landstände, und Wahlherrn, ihr Stützen
der Volksglückseligkeit, sorget zugleich in euren Lan=
des= und Wahlverträgen, daß nie das Urtheil über die

H 4　　　　Rech=

verlohrnen Postens völlig schadlos zu halten,
nicht dimittirt werden könne. es wäre denn,
daß die Dauer des Postens durch die Natur des
Geschäfts, oder durch ausdrücklichen Vorbehalt
auf eine gewisse Zeit eingeschränkt worden. "
Der Himmel lohne euch, ihr vortrefliche Glie=
der der Gesetzcomißion, die ihr das Glück und
Wohl der einzelnen Unterthanen, Familien und
Diener des Staates mit dem wahren Interesse
des Staates in einer eurer sehr würdigen Spra=
che zu vereinigen wisset. Man ließt dieses Gut=
achten im Anhange einer sehr zweckmäßig be=
arbeiteten Götting. Abh. von diesem Jahre,
unter dem Titel: De publicis officiis absque
justa causa ejusque legali coghitione non au=
ferendis. Auctore Sebast. *Malacord.* Verbinde
mit dieser Abh. das anonymische *votum* über
die Frage: Ob und in wie fern ein *Princeps*
berechtiget sey, seine Diener zu dimittiren,
oder einen in *officio publico* stehenden *officia-
lem* seines Dienstes zu entsetzen, und die
Anmerkungen des Hofr. Runde dazu in
Schlözers Staatsanz. 29 Heft. S. 3 u. f.

Rechtschaffenheit, vielleicht der erfahrensten und zuverläßigsten Diener, ihre Gemüthsruhe, ihr Glück, das Glück ganzer Familien, zum offenbaren Nachtheile des Dienstes und der Staatenwohlfart, blos von der Willkühr oder Discretion des Fürsten, oder, was meistens noch schlimmer ist, von den meichelmörterischen Insinuationen der leidenschaftlichen Kabinetsdiener abhangen könne. Wie die höchsten Reichsgerichte über diese Frage denken, und daß diese schon manchen bedrückten ehrlichen Diener von seinem Untergange gerettet haben, ist zwar bekannt: das Löschen ist aber nicht nöthig, wenn man dem Zünden mit einem Ableiter zuvorkommen kann.

In der neuen von Schwedens weisem Gustave abgefaßten, und den Reichsständen ohne Widerspruche angenommenen Regierungsverfassung vom Jahre 1772 ist als grundgesetzliche Norm festgesetzt: kk) „Alle Kommissionen, Deputationen, und ausserordentliche Richterstühle, sie seyn vom Könige oder Ständen gesetzt, sollen künftig abgeschaft seyn, da sie nur als Beförderung der Gewalt und Tiraney dienen; und ein jeder Schwede genießet

das

---

kk) *Art.* 16. Cf. *Michelessi lettre sur la revolution arrivée en Suéde le* 19. *d'Aoũt* 1772. *Greifswald* 1773. Das neue Nationalgrundgesetz ist S. 126, u. f. beygefügt; auch schwedisch und deutsch besonders gedruckt. Stralsund 1772. 4.

das Recht, vor dem Gerichte verklaget zu werden,
unter welches er nach den schwedischen Gesetzen ge=
hört.” Als Franz I. beym Anschauen des Gra=
bes des Ministers Johann de Mantaigú die=
sen Mann bedauerte, daß er durch die Justiz zum
Tode verdammet worden sey, antwortete der ehrliche
Cölestin de Marcoussy: „Allergnädigster
Herr! Es geschahe nicht durch die Justiz; es
geschah nur durch Kommissarien.” 11) Und in
dem vom kaiserl. Hofe genehmigten würtembergi=
schen Erbvergleiche mm) ward festgesetzt: „Es
solle gegen keinen Landsunterthanen in Sachen,
welche Ehre, Leib, Leben, Haab und Gut betreffen,
mit keinen andern, als von denen herzoglichen Col=
legiis oder behörigen Instanzien, erkannten Kom=
missionen fürgegangen werden.” Wie die höchsten
Reichsgerichte in Ansehung der landesherrlichen
Justizkommissionen denken, ist bey Moser nn) zu
ersehen. Es erhellet hieraus, daß die Justizkom=
missionen schon oft unter dem trügerischen Scheine
des Rechtens mißbrauchet worden seyn, oder doch
gewißlich mißbrauchet und unter diesem Scheine die
H 5 größten

---

11) Die Staatskunst aus dem französischen des
Herrn von Real 6. Th. 1. Kapit. 5. Ab=
schnitt §. 27.

mm) Class. 1. Grav. 3. §. 1.

nn) Im Tract. von der Landeshoheit in Ju=
stizsachen, 1. Kapit. §. 19. S. 26, u. f. f.

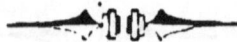

gröſten Ungerechtigkeiten ausgeübt werden können. Wie iſt dieſer Gefahr zu begegnen? Der Gegenſtand erfordert eine beſtimmte Entwicklung der Fälle, und eine warme Beherzigung der Volksrepräſentanten in allen Landen.

Daß dem Biſchofe, nach den gemeinen Lehns- und kanoniſchen Rechten, die Befugniß zuſtehe, ohne Konſens des Kapitels dem Stifte heimgefallene Lehen wieder zu verleihen, weil eine ſolche Verleihung nicht als eine Veräußerung des Stiftsguts anzuſehen iſt, behaupten ältere ſowohl als neuere Rechtslehrer. Kann aber dieſe Befugniß des geiſtlichen Landesherrn durch beſondere Verträge, namentlich durch den Konſens des Kapitels, nicht eingeſchränkt werden? Wollte der Biſchof nach wirklich angetretener Regierung jene ihm zuſtehende Rechtsbefugniß auf ſeine Lebzeiten durch einen ſolchen Vertrag vinkuliren laſſen: ſo finde ich dabei im Zuſammenhange der Rechte keinen rechtlichen Anſtand. Ob aber eine ſolche Beſchränkung, auch während der Stulserledigung, durch das Wahlkonklave geſchehen könne, dieſe Frage wird von den Kapitulariſchgeſinnten mit ja beantwortet, und durch Beyſpiele beſtätigt; von andern hingegen oo) und ſelbſt vom Reichshofrathe wider die Kapitel entſchieden. In der

oo) Siehe z. B. Struben in den Abſt. 1. Abh. §. 16 mit Zuziehung des 3. Th. S. 442, und Poſſe in der alleg. Abh. §. 47.

der merkwürdigen Reichshofraths Resolution wegen
der bischöflich = eichstädtischen Wahlkapitulation heißt
es deshalben: pp) „Es bleibe einem zeitlichen Re=
genten nicht allein frey und bevor, sondern es ge=
schehe auch von demselben wohl daran, daß er die
feuda infeudari solle. und zwar seines Gefallens,
ohne daß es dißfalls eines Consenses des Domkapi=
tuls bedörfe, anwiederum begebe: Auf das jedoch
dem Hochstift von einem solchen Lehensheimfall eini=
ger Nutzen zugehe; so wollten Ihro Kais. Majestät
den Herrn Bischofen dahin angemahnet haben, daß
wegen deren heimfallenden und anwiederum begeben=
den Lehen es in der Maas gehalten werden solle,
daß solche nach einem dasiger Orten üblichen Anschlag
taxiret, und der dritte Theil sothanen Anschlags von
dem neuen Lehenmann erstattet, sofort dieses Geld
zum Besten des Hochstifts angewendet werde.” Viel=
leicht sieht der Reichshofrath eine solche Beschrän=
kung als einen Ausfluß der, domkapitularischer
Seits, behaupteten Erb= und Grundherrschaft an,
aus welchem Grunde sich auch Posse bey dieser
Frage gegen die Domkapitel erkläret hat; vielleicht
als eine Bedingniß, die den Verdacht einer Simonie
bey sich führe, da wirklich eine solche Beschränkung
dieser durch die Gesetze einem zeitlichen Bischofe ge=
statte=

---

pp) Reichshofrathsresolutum vom 2. März
1779 ad art. 5. bey Moser im persönlichen
Staatsrechte. 1. Th. S. 116.

ſtatteten Befugniß im Grunde mehr auf den Privat=
vortheil der Wahlherrn , oder ihrer Familien , als
auf das Beſte des Hochſtiftes , abzuzielen ſcheint,
unter welchen Vorausſetzungen ſich auch nicht leicht
ein Dritter zu Gunſten der Kapitel erklären kann.
Von dieſem Falle iſt hingegen nach meiner Einſicht
der Fall verſchieden , wenn das Verleihungsrecht
der heimgefallenen Lehen nicht ſowohl durch den Kon=
ſens des Kapitels auf beſagte Weiſe beſchränket,
als vielmehr zum Beſten des Erz= oder Hochſtiftes
gänzlich aufgehoben wird. So ward in der ſpeyeri=
ſchen Wahlkapitulation für den jetzt regierenden
Fürſtbiſchofen zu Speyer zwiſchen ihm und dem Ka=
pitel feſtgeſtellt: qq) „Sollen und wollen Wir die,
dem Hochſtift Speyer heimfallende Lehen , und
konfiſcirte Güter nicht weiter verlehnen; ſondern
zum Beſten des Hochſtifts der Kammer über=
laſſen.” Vermöge der Natur des Prodominiums
ſteht zwar dem geiſtlichen Landesherrn die Ausübung
der ſtiftiſchen lehnsherrlichen Gerechtſamen , aber
nur nach der Ausübung , nicht die Subſtanz des
Lehens ſelbſten zu. rr) Und denke ich mir die Wahl=
herrn bey Abfaſſung der Wahlartikel , nicht in der
Eigenſchaft als Erb= und Grundherrn , ſondern in
der

---

qq) Art. 20 bey Schlözer in den Staatsanz.
10. Heft. S. 212.

rr) Böhmers *principia j. feud.* §. 85 ſqt.
edit. 3.

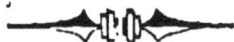

der einzigen und wahren Eigenschaft, als Volksre=
präsentanten, (S. 73 u. f.) welche nicht nur zum
Besten des Staates zu verfügen berechtigt, sondern
auch verpflichtet sind: so finde ich einen solchen
Wahlartikel nicht nur durch diese Qualität der Pa=
ciscirenden, sondern auch in Ansehung seines Inn=
halts gerecht. Seitdem der ewige Landfriede, und
die neueingeführte Kriegsart, die Lehnsverfassung des
mittlern Zeitalters entbehrlich gemacht hat; seitdem
es nicht mehr das Beste des Stiftes erfordert, viele
und mächtige Vasallen zu haben: so kann mit den
heimgefallenen Stiftslehen ein besserer Gebrauch ge=
macht werden, als diese, ohne besondern Nutzen des
Stiftes, aufs neue zu verleihen, wobey ich in dem
glücklichen Zeitpunkte eines Heimfalls keine bessere
Bestimmung anzugeben vermag, als das nützliche
mit dem lehnsherrlichen Stiftseigenthume zu verei=
nigen. Unter den mancherley Erwerbungsarten,
welche heut zu Tage den weltlichen Landesherrn zur
Vergrößerung ihrer Besitzungen zustatten kommen,
ist, nach so vielen ausgetrockneten Quellen, der
Konsolidationsfall für die geistliche Staaten beynahe
nur noch das einzige übrige Mittel, ihre Besitzungen
auf eine rechtmäsige Weise zu erweitern, das in
eben dieser Rücksicht von keinem Erz= oder Hochstifte
zu seinem eigenen Besten sollte ungenützt bleiben.
Jene Stelle in der speyrischen Wahlkapitulation
hatte daher meinen ganzen Beyfall, und verdiente
die Nachahmung in allen Hof= und Erzstiftern. Da

ein -

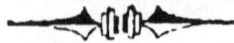

ein solcher Wahlartikel nicht die mindeste Beziehung
auf den Privatvortheil der einzelnen Kapitularen
oder des Domkapitels hat, sondern einzig, ohne
alle Spur eines verwerflichen Eigennutzes, zum of=
fenbaren Besten des Hoch= oder Erzstiftes abgefasset
ist: so ist eine solche Handlung gewißlich auch von
allem Verdachte einer Simonie frey. Weder wird
man ein Gesetz aufweisen können, welches den Kon=
solidationsfall für die geistlichen Staaten untersagte,
das, wenn es auch aus jenem Zeitalter existirte,
wo es das Beste dieser Staaten erforderte, eine
große Anzahl streitbarer Vasallen zu haben, doch
durch die ganz veränderte Zeitumstände seine An=
wendung verlohren hätte: der Neugewählte hinge=
gen giebt gleich bey seiner Bestimmung zur Regie=
rung seinen guten Regentenwillen dadurch auf eine
sichtbare Weise zu erkennen, daß er kein Bedenken
trägt, auf die ihm durch die Gesetze gegönnte Be=
fugniß der Wiederverleihung der dem Stifte heim=
fallenden Lehen zum unleugbaren Wohle des Erz=
oder Hochstiftes zu verzichten, und auf derer Er=
werbung nach aller Billigkeit niemand unter allen
Mitbewerbern einen gegründeteren Anspruch machen
kann, als der Grundherr oder die geistliche Stif=
tung selbsten. Posse schreibt: „Bey seinem Leben
hat ein zeitlicher Regent über das, was schon Lehen
war, volle Ausübung der Lehnsherrlichkeit, ohne
daß ihm das Capitel dieselbe durch Wahlverträge ein=
schränken darf; ein anderes ist es, wenn die ge=
samte

sammte Landschaft, in deren Namen er Pro-
dominus ist, sich in Ansehung der Ausübung
derselben etwas ausbedingt, z. B. daß die an-
heimgefallene Lehne zum Tafelgut geschlagen
werden sollen." Wir sind im Hauptsatze einig,
wenn sich Herr Posse überzeugen kann, mit mir
die Wahlherrn bey Abfassung der Wahlverträge als
Repräsentanten des Volkes anzusehen. Indessen
kann ich zugleich nicht unbemerket lassen, daß der
Reichshofrath auch diesen Fall nach ganz gleichför-
migen Grundsätzen mit dem Falle der eichstättischen
Wahlkapitulation behandle, wie aus dem Reichs-
hofraths-Resolutum von 28 Aug. 1781 ad artic.
20 der speyrischen Wahlkapitulation in den folgenden
Formalien zu ersehen ist: „Wird auch dieser Artikel, in so fern er die Einziehung der hochstiftischen
Feudorum infeudari solitorum betrifft, hiemit aufgehoben, und des Herrn Fürst Bischofen landes-
und lehnherrlichen Willkühr lediglich überlassen, derley Lehen wieder zu verleihen: doch verordnen Kais.
Maj. in solchem Falle, daß zuvorderst das heimgefallene Lehen nach Landesbrauche taxirt, und dem
Neovasallo auferleget werde, den dritten Theil des
Pretii taxati zu bezahlen, welches sodann, nach Er-
mäßigung eines zeitlichen Regenten, zum Nutzen des
Hochstifts zu verwenden ist." Die Gründe, welche
dieses höchst preißliche Reichsgericht zu dieser Resolution bewogen haben, sind mir unbekannt: vielleicht ändert aber noch der Reichshofrath hierinnen

auf

auf nähere Vorstellung der Domkapitel, und für das Beste der Stifter wohlbesorgter Landesherrn; zum wahren Wohle der Erz = und Hochstifter seine Gesinnung, dessen vorgängige Zuneigung selbst schon in dem ergangenen Resolutum bey Gestattung des dritten Theils des Pretii taxati nicht zu verkennen ist.

Ich schließe diese Beyspiele mit einem Staatsprobleme. Alles ruft aus vollem Halse, Toleranz, Toleranz, geseegnet seyst du erwünschte Toleranz! Wirklich ist man auch fast in ganz Europa in so weit klüger und aufgeklärter geworden, daß die Fürsten ihre angemaßte Herrschaft über die Gewissen aufgegeben haben. Man sieht nach tausend verübten Gewaltthätigkeiten an den geheiligten Rechten der Vernunft, von welchen sich keine der christlichen Religionspartheien frey sprechen kann, ss) man sieht endlich ein, daß bloser Irrthum des Verstandes kein Verbrechen sey; daß es vergeblich sey, die verschiedenen Meinungen der Menschen über den Punkt der Religion durch Feuer und Schwert einförmig zu machen; ja, daß es der Vernunft und dem reinen Geiste des Evangeliums widerspreche, solche gewaltsame Mittel zur Verbreitung anderer Religionsgesinnungen

---

ss) Vergleiche hier die des philosophischen Geschichtschreibers Robertson ganz würdige Betrachtungen über den Fortgang der Toleranz in dessen Geschichte der Regierung Carls V. S. 385 u. f. nach der Kempter Ausg. von 1783.

gen zu gebrauchen. tt) Friedliche Duldung des Ne-
benchriſten, oder der ungeſtörte Genuß der Gewiſ-
ſensfreyheit iſt alſo wirklich an die Stelle des
ſchwarzen Verfolgungsgeiſtes getreten, und das
äußerſte, was ein Regent thun darf, wenn ihm
ſeine Gewalt durch die Staatsgrundgeſetze nicht etwa
beſonders eingeſchränket iſt, beſteht darinnen, daß
er diejenigen im Lande nicht duldet, derer Religion
er, nach genauer Unterſuchung, der Wohlfart des
Staates nachtheilig findet. Bewahre der Himmel,
daß nie jemals wieder der menſchenfeindliche Irrthum ſich des ſchwachen Menſchenverſtandes be-
mächtigen möge, um deswillen in dem Blute ſeines
Nebenbürgers ſich zu waſchen, weil derſelbe andern
Religionsgeſinnungen, als wir, ergeben iſt!! Auch
werden

tt) Wirklich iſt das königliche Edikt, welches
Ludewig XVI. wegen der Nichtkatholiken in
ſeinem Staate dieſes Jahr ergehen ließ, in dieſer Ueberzeugung abgefaßt, wenn darinnen ge-
ſagt wird: „Wir werden nach dem Beyſpiele
unſrer Vorfahren, nach unſern beſten Kräften
jedes Unterrichts und Ueberzeugungsmittel be-
günſtigen, wodurch unſre Unterthanen zu einem
gemeinſchaftlichen Bekenntniß des alten Glau-
bens unſers Reichs bewogen werden können
mit Verbannung aller gewaltſamen Wege,
die den Grundſätzen der Vernunft und
Menſchlichkeit eben ſo ſehr widerſprechen,
als dem Geiſte des ächten Chriſtenthums.”
Großer Sieg der Vernunft, und der reinen
Chriſtus Lehre!!

J

werden die Fälle in Teutschland immer seltener, wo
man den Unterthanen in seiner hergebrachten und
friedensschlußmäsigen Religionsübung, und in
dem, was dieser friedensschlußmäsig annex anzusehen
ist, durch einen unreifen Religioneifer und andäch-
tige Intriquen zu stöhren sucht: vielmehr sahen wir
in den letzteren Jahren, hauptsächlich nachdem
Joseph II den Ton dazu angegeben hat, Beyspiele
von landesherrlichen Bewilligungen, katholischer sowohl als protestantischer Seits, auf welche die Unterthanen nach strengen Rechtsforderungen nie zäh-
len konnten. In Rücksicht hingegen auf die voll-
kommene Gleichheit in den bürgerlichen Rechten
und Vorrechten, was wirkte noch zur Zeit die Philosophie der Toleranz? uu) Geschahen hierinnen noch
nicht so viele Fortschritte, als mancher etwa erwar-
tet hat: so geschahen doch einige von entscheidender
Wichtigkeit, und man kann nicht läugnen, daß man
katholischer, besonders kurmainzischer Seits, vorzüglich bey Besetzung der Dienststellen, auf eine Art
vorgieng, wie es bisher von keinem protestantischen
Staate

---

uu) Die Gesinnungen des freyen Amerika über
diesen Punkt findet man in einem lesenswürdi-
gen Aufsatze bey Posselt in seinem Magazin
für Aufklärung. 2. B. 2. St. N. 16, womit
noch die neue Akte in Virginien, die Reli-
gionsfreyheit betreffend, in Archenholz
neuer Litteratur und Völkerkunde. I. Jahrg.
I. Band. N. I. S. 85, u. f. zu verbinden ist.

Staate geschehen war, und seitbem noch keiner nach-
geahmet hat. Selbst in dem philosophischen England, im toleranten Belgien, im umgeschaffenen
Schweden u. s. w. sind bis auf den heutigen Tag nur
die Anhänger der herrschenden Religion in dem aus-
schließlichen Besitze der Theilnehmung an der Regierung und sämmtlicher Staatsbedienungen. In
den preußischen Staaten, wo der Protestantismus
herrschet, wo Friedrich der Philosoph, Friedrich
der einzige regierte, waren und sind noch, außer
den privilegirten Städten, alle die sich nicht zur
Religion des Orts bekennen, von den Municipal-
ämtern ausgeschlossen, von welchem Grundsatze sich
auf die angesehenere Staatsbedienungen von selbsten
der Schluß ziehen läßt. In Kursachsen kann niemand, außer den A. C. Verwandten, zum Besitze
unbeweglicher Güter und zu den öffentlichen Aemtern
gelangen. Und wer nur eine geringe Kenntniß von
der Verfassung der übrigen einzelnen teutschen Staaten sich erworben hat, oder die protestantischen
Reichsstädte, Hessen und andere Lande durchreiset,
wird leicht noch eine Menge Beyspiele von dieser Art
sammlen können. In der von dem Herzoge zu Wür-
temberg seiner Landschaft ertheilten, ww) und vom

J 2 cor-

ww) In Fabers alten Staatsk. 64. Th. S.
186, u. f.

corpore Evangelicorum garantirten xx) Religions-
assekuration vom 17. Dec. 1733 heißt es deßfalls:
„Also geben wir auch — die gnädigste Versicherung,
daß in Conformität deren von Herzog Eberhar-
den den dritten errichteten Canzleyordnung und
Testaments alle hohe Hof- und Erb- auch andere
Aemter, geheime Rathskollegium und alle übrige in
Unserer Fürstl. Canzley befindlichen Collegia und
Balleyen, auch alle derer hohe und geringe membra,
keine ausgenommen, item alle Reichs- und Kreißgesandschaften, Kammergerichtspräsentationen und
Deputationen, wie auch alle herrschaftliche Beamtungen, Stadt- und andere Gerichte, mit keiner
andern als der Evangelischen-Lutherischen-Re-
ligion zugethanen *Subjectis*, nach kompakta-
tenmäßigen Verspruch mit Landeskindern, und wann
solche Zeit währenden Amts die Evangelische-Luthe-
rische-Religion verlassen sollten, sodann bey denen
obgehabten Officiis nicht bleiben, besezet werden
sollen." Diesem inhäsiv ist auch im würtembergischen Erbvergleiche von 1770 aufs neue festgestellt; yy) „Und da erstgedachte herzogliche Reversalien so, wie die vorhergegangene Landeskompak-
tata, ausdrücklich verordnen, daß alle hohe Hof-
auch

---

xx) S. **Schauroths** Sammlung aller *con-*
clusorum des *corp. Evang.* T. 3. p. 832 u. 33.
N. I. u. II.

yy) Classe 2. S. 2.

auch Erb- und andere Aemter, das Geheimeraths-
kollegium, und alle übrige in der herzogl. Canzley
befindliche Collegia und Balleyen, auch alle Dero
hohe und geringe membra, keines ausgenommen,
alle Reichs- und Kreißgesandschaften, Kammergerichtspräsentationen und Deputationen, wie auch
alle herrschaftliche Beamtungen, Stadt- und andere
Gerichte, mit keiner andern, als der Evangelisch-
Lutherischen-Religion zugethanen Subjectis, besetzt
werden sollen; so wird diese herzogliche gnädigste
Zusage hiemit erneuert. Noch ängstlicher aber
hat man sich deßfalls in dem ewigen Familienge-
setze des fürstl. Nassau-Saarbrückischen Gesammt-
hauses vom 25. März 1779 in folgenden Formalien
ausgedruckt:" zz) Wir verbinden anbey einen
jeden künftigen katholischen Landesfürsten dahin,
daß er sämmtliche gegenwärtige und künftige Ober-
und Unterkollegia des Landes, als: die Regierung,
das Hofgericht, Consistorium, die Rentkammer,
das Oberforstamt, die Ober- und Aemter, Polizey-
Stadt- und Dorfgerichte, und alle andere, wie sie
Namen haben mögen, ingleich die Forst- und Jagd-
bedienstigungen, Land- und Waisenschreibereyen,
Landphysikate und Chirurgikate, das Landkommissa-
riat, die Militairchargen bey dem Kreiskontingent,

die

---

zz) In Schlözers Briefwechsel. 39. Heft.
N. 34. §. 5.

die Renten-Kellerey- und alle übrige Bedienstigungen außerhalb den Collegiis, folglich auch die Gesandt-schaftsstellen, Agentien ꝛc. — mit keinen andern als der Evangelisch-Lutherischen Religion zugethanen redlichen qualificirten und wo möglich im Land ge-bürtigen Personen, besetzen, und denjenigen Be-dienten, welcher während seiner Dienstzeit die luthe-rische Religion verlassen wird, alsogleich seines Dien-stes entlassen; widrigenfalls ein solcher von keinem Landescollegio, oder sonsten jemand, weiter für einen wirklichen Diener erkannt und geachtet werden solle. Und ob es sich gleich von selbst versteht, daß eines katholischen Landesherrn und der Seinigen wirkliche Hofbediente, der katholischen Religion zu-gethan seyn, auch in pur katholischen Ortschaften keine andere als katholische Ortsvorgesetzte ange-nommen werden können: so sollen gleichwohl in un-termischten Dörfern, wenn sich gleich nur einer oder etliche der protestantischen Religion zugethane Ein-wohner daselbst befinden, diese, der ohnehin vor-liegenden Observanz zufolge, zu Vorstehern des-selben Orts vorzüglich bestellt, übrigens auch denen in der evangelischen Religion gebornen vater- oder mutterlosen Kindern, keine andre Vormünder und Curatores, als von der nämlichen Religion, gege-ben werden, „welcher Familienvertrag aaa) auch noch

---

aaa) Noch eine Stelle theile ich aus diesem in un-sern Tagen errichteten Hauß- und Normalge-setze

noch im nämlichen Jahre den 30. August vom corpore Proteſtantium feyerlichſt garantiret ward. bbb) „Alſo hat man — ſind die Worte des concluſi — in der heutigen evangeliſchen Conferenz (wie hiermit geſchie-

---

ſetze mit, den darinnen herrſchenden Geiſt der Toleranz um ſo bemerklicher zu machen. §. 7. iſt feſtgeſetzt: „Obgleich alle alienationes ad manus mortuas, ingleichen die vermiſchte Heyrathen zwiſchen der Augſp. Religionverwandten und Katholiſchen Unterthanen, ſeit langen Jahren, in unſern Landen ſchlechterdings verbothen ſind; und überdies ein katholiſcher Landesherr, nach dem obigen §. 1 ſchuldig iſt, Verordnungen dieſer Art nicht abzuändern: ſo wollen wir gleichwohl ſothanes zwiefache Verboth, als ein ewiges und unwiderrufliches Geſetz, hiermit dergeſtalt erneuert haben, daß alle alienationes an katholiſche Klöſter, Kirchen, Kapellen, zu Salarirung der katholiſchen Kirchen- und Schuldiener ꝛc. ipſo jure null und unkräftig ſeyn, — und daß derjenigen proteſtantiſchen Manns- oder Weibsperſon, welche in fraudem legis, und in der Abſicht, eine katholiſche Perſon heyrathen zu dürfen, zu der katholiſchen Religion übergeht, der bisherigen offenkundigen Obſervanz nach, die intendirte Heyrath nicht geſtattet, und wofern dieſelbe gleichwohl ohne obrigkeitliche Genehmigung heimlich vollzogen wird, beyde Eheleute aus Unſern ſämmtlichen fürſtl. Landen ſofort gewieſen werden ſollen.”

bbb) *Concluſum Corporis Exangelicorum* in der fürſtl. Naſſau-Saarbrückiſchen Religionsverſicherungsangelegenheit de dato 30. Aug. 1779 in Schlözers Briefwechſel am ang. O. S. 190.

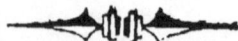

geschiehet) beschlossen und festgestellt, im Namen
höchst= und hoher Herren Principalen, Obern und
Committenten, ertheilte Assekurations= und Acces=
sionsakten — nach den bishero geführten Principiis
Evangelicorum nicht nur feyerlichst zu acceptiren,
sondern auch die Garantie darüber in bester Form zu
übernehmen, und bedürfenden Falls den Statum
Religionis Evangelicæ, nach besagten, dem West=
phälischen Friedensschluß gemäßen Grundsätzen, in
den gesammten fürstl. Nassau=Saarbrückischen Lan=
den nachdrucksamst zu manuteniren, und aufrecht zu
erhalten." Bey so bestimmten Handlungen und
Aeußerungen des andern Religionstheils sind die
Gesinnungen und Staatsmaximen dieses Theiles kein
Kabinetsgeheimniß, und wir sehen gewißlich nicht
undeutlich, wie man in den protestantischen Staa=
ten nach unverrückten Grundsätzen nur den Anhän=
gern der herrschenden Religion die Fähigkeit zu den
Staatsbedienungen einräumet. In einer solchen
Lage, und in einem Reiche, wo die Verschiedenheit
der Religion zum Theile selbst eine eigene Art von
dem Interesse und den Rechten des allgemeinen und
besondern Vaterlandes zu denken zum Vorscheine ge=
bracht hat, was räth Politik? Nein! Nie wünsche
ich, daß die Repräsentanten in den Staaten, wo
der Katholicismus die herrschende Religion ist, sich
in der politischen Nothwehre sehen möchten, durch
eine perpetuirliche pragmatische Sanktion die
Maximen des protestantischen Theiles anzunehmen;

da

da dieses offenbar eine Hemmung in den Fortschrit-
ten der wohlthätigen Toleranz wäre: aber nur auf so
lange, bis man hierinnen eine in Handlungen
sichtbare Sinnesänderung des andern Religions-
theiles wahrnehmen kann, auf so lange was heischt
Klugheit oder Gegenpolitik? Staatsklügere als ich
mögen über das von mir aufgestellte Staatsproblem
entscheiden.

Wie leicht können nicht über die, dem Domka- Anhang
diesen Regel
pitel sowohl, als den übrigen Klassen der Unterthanen zuständigen weltlichen Rechte und Freiheiten
(erste Grundregel) zwischen dem Landesherrn und
Unterthanen Differentien entstehen? Leider! ist es
auch durch das unwidersprechliche Zeugniß der Geschichte laut sprechender Erfahrungssatz, daß die
heiligsten, selbst durch Eide versiegelten natürlichen
und positiven Regentenpflichten nicht immer, sehr
oft nicht, erfüllet werden. (Zweite Grundregel)
Und wenn auch die Wahlherrn noch außer dem in
dem Wahlvertrage nichts unterlassen haben, was
sich nur von patriotischgesinnten und weisen Volksrepräsentanten zum Besten des Vaterlandes erwarten läßt: (dritte Grundregel) so werden doch immer vom Zeiten zu Zeiten unvorhergesehenen Fälle
sich eräugnen, welche die volle Aufmerksamkeit stand-
hafter Volksrepräsentanten verdienen. Da nun alle
Volksrepräsentanten das Recht und die Pflicht haben, in allen den Fällen, soweit sich ihre Rechte er-
strecken, Vorstellungen und Vorschläge zum Be-

sten

sten des Landes zu machen, wenn sie auch nicht um
ihr Gutachten gefragt worden sind; da sie das Recht
und die Pflicht haben, dem Regenten die Noth, die
Umstände des Landes, die Landesbeschwerden vorzulegen; das Recht, sich alle Resolutionen zu ver-
bitten, welche wider seine Regenten-Pflichten und
die Landesverfassung laufen, u. s. w.: so kann man
auch, in Thesi zu reden, den Kapiteln, als Volksrepräsentanten, diese in der Billigkeit und der Natur der Sache gegründete Rechte nicht erschwe-
ren. Giebt es aber ein Recht, welchem die Despotie noch nicht ihren Trotz entgegensetzte? In dieser
Rücksicht scheinen mir sehr heilsame Stellen in den
Landesverträgen und Wahlkapitulationen, wenn sich
die Repräsentanten wegen solcher Befugniße ausdrücklich, und mit Klugheit, zu verwahren suchen,
ohngefähr nach dem Beyspiele, wie dieses, bey
noch lebhafter Erinnerung an die kaum verflossenen
Zeiten, von der würtembergischen Landschaft in dem
bekannten Erbvergleiche von 1770, gewißlich mit gutem Erfolge wegen der Zukunft, geschah. Es heißt
darinnen: ccc) „Wann auch sich befinden sollte, die
Landesverfassung oder Rechte eines Dritten, könnten
mit einer ergangenen herzogl. Resolution oder Be-
fehl nicht bestehen; so werden Höchstdieselbe denen
dargegen machenden unterthänigsten Vorstellungen
mildestes Gehör geben, auch sonsten die Beschwerden

---

ccc) Claſſ. 1 ad grav: II. ſub memb. 1. §. 3.

den gnädigst abstellen." Sodann: ddd) „Also wer=
den Höchstdieselbe sowohl die allgemeine Landesver=
sammlung, als die landschaftliche Ausschüsse, als
ein in den Landes=Compactatis ehemalen sehr weiß=
und heilsamlich angeordnetes — corpus repræsenta=
tivum des gesammten lieben Vaterlandes in corpore
& membris, dessen Wesen und Landesverfassung —
seiner Würde, Existimation, Autorität, und Con=
sistenz, ungekränkt erhalten, und die nach Innhalt
der Landesverträge und des Ausschuß=Staats ma=
chende unterthänigste Vorstellungen gnädigst aufneh=
men, und nicht als ein Verbrechen in Ungnaden an=
sehen." — Ferner: eee) „Der allgemeinen Lan=
desversammlung, den bey den Ausschüssen, und de=
nen zu Stuttgart Anwesenden des engeren Ausschuf=
ses wird niemalen, und unter keinerley Vorwand
untersagt, oder sonst schwer gemacht werden, Ihro
herzogl. Durchlaucht die Landesbeschwerden gehor=
samst vorzulegen, oder andere unterthänigste Vor=
stellungen zu thun, jedoch mit schuldigster Beobach=
tung des unterthänigsten Respects." Damit steht
noch folgende Stelle in Verbindung. fff) „Es wer=
den ingleichen Ihro herz. Durchlaucht auf alle und
jede schriftliche unterthänigste Vorstellungen ebenfalls
schriftliche gnädigste Resolution ertheilen, und solche
denen Landverträgen, dem Herkommen, dem Zu=
stande

---

ddd) Class. I ad grav. IV §. 2.
eee) Class. I ad grav. IV §. 3.
fff) Class. I ad grav. IV §. 7.

K

ſtande des Landes, und der Vorliegenheit der Umſtände gemäß einzurichten geruhen." Zugleich hat
die würtembergiſche Landſchaft in dem mit dem Herzoge geſchloſſenen Landesvergleiche zum voraus feſtgeſetzt, daß künftig „beyden Theilen bevorbleiben
ſolle, in caſu diſſenſus kaiſ. Maj. davon die An-
zeige zu thun, und die Anſtände zu Obriſt-Richter-
licher Entſcheidung heimzuſtellen." ggg) Wie die
Advokaten des Fiſkus für die Rechte der Landesherrn
wachen, auf eine ähnliche Weiſe ſchien es dem ehrlichen *Treuer* hhh) nothwendig, Beſchützer der
Bürger

---

ggg) Claſſ. 1 ad grav. VI §. 2.

hhh) *Treuer* in diſſ. *Monſtrum arbitrarii juris territorialis a legibus Imperii e germania
profligatum*, in *Parergis Götting.* Tom. 1.
lib. 2 (1736) §. 1. pag. 20 ſqt. „Totus fere
orbis terrarum factus eſt *Hobbeſianus*: adeo
imperium, non dicam deſpoticum, ſaltem
abſolutum & arbitrarium ubiuis loci defendi,
commendari, exerceri ſolet. Non de officiis
juſtitiæ, æquitatis, clementiæ ſummorum imperantium explicantur ſcripta, ſed de ſummo
duntaxat jure eorum omnia perſonant: de jure civium ſubditorum altum ubivis ſilentium,
ac ſi in numero ſervorum hominumque pro-
priorum habendi eſſent. Aures animoſque prin-
cipum obſident his blanditiis paraſitaſtri &
adulatores iniquiſſimi, ut poſthabita omni re-
giminis norma etiam a Deo lege naturali ſuis
limitibus circumſcripta, neglectis pactis cum
civibus initis & fundamenti loco poſitis, ſe-
moto ſocietatis civilis fine, ſolam meminerint
abſolutam poteſtatem a Deo proxime profe-
ſtam & pendentem, a cujus exercitio ad
augen-

Bürger zur Aufrechthaltung der nothleidenden teutschen Freiheit zu setzen. Wirklich genießen dieses
Glückes alle die Lande, wo Landstände oder Domka-
kapitel sind; und es kömmt nur auf die Mannsener-
gie dieser Körper an, die Früchte dieser glücklichen
Verfassung einzusammlen.

Darf ich nun annehmen, daß eine perpetuirliche
Wahlkapitulation nach den gedachten Grundregeln abgefaßt, und daß die Wahlherrn bey Abfassung derselben als wirkliche Repräsentanten des Volks anzusehen seyn: niemand wird so dann den Satz
bezweifeln, daß ein solcher Wahlvertrag seinem
Geiste, seinem Wesen, und ganzem Innhalte nach als
ein wahrer Landesvertrag anzusehen sey. (S. 79 u. f.)
Nur fehlt ihm noch in Ansehung der Form das Gepräg der kaiserl. Bestätigung, welcher diese Art von
Landesverträgen aus besondern Gründen dergestalten unterworfen ist, daß sie nicht eher, sie mögen
vor oder nach der Wahl abgefaßt seyn, als rechtskräftig angesehen werden, bevor sie vom kaiserl. Hofe
untersucht und bestätiget sind. (S. 80. Not. b.) Ha-

*Noch einige besondere Be-
trachtungen. Großentheils Resultate aus den vorherge-
henden An-
merkungen.*

K 2 ben

---

augenda principis lucra, commoda, auctori-
tatem ne transversum unquem discedere par
sit. His potentiæ arbitrariæ illecebris adeo
sæpe occupantur animi imperantium, ut que-
madmodum in aula romana protectores natio-
num constituti sunt, ita quoque opus in aulis
nonnullorum imperantium munus *Protectoris
civium* admittere, qui saltem aurem vel licet
publicis rerum administris, quam temere con-
culcetur libertas civium. — "

ben die Wahlherrn bey Abfassung eines solchen Ver=
trags keinen andern Willen, — und als Volksre=
präsentanten können sie keinen andern haben — als
jeden und alle Artikel in dem Mittelpunkte der Lan=
deswohlfart zu vereinigen: so werden sie gewißlich
auch keinen Augenblick anstehen, das Resultat ihrer
patriotischen Bemühungen dem höchsten Reichsober=
haupte zur Einsicht und Bestätigung vorzulegen, da=
durch dem Wahlvertrage auch in Rücksicht auf Form
das vollgültige Ansehen eines Landesvertrages gegen
alle mögliche Anfechtungen zu verschaffen. Eben die=
ses blos auf das gemeine Beste gerichtete, und durch
die That selbsten bestätigte Bestreben der Wahlherrn
sehe ich beynahe als das einige; oder doch gewißlich
als ein sehr kräftiges Mittel an, die Domkapitel all=
mählig wegen der obwaltenden Differentien über das
Kapitulationsgeschäft mit dem kaiserl. Hofe auszu=
söhnen. (S. die Vorrede) Ist nun ein solcher Wahl=
vertrag seines Innhaltes und der Form wegen zu
dem rechtlichen Ansehen eines eigentlichen Landes=
vertrages wirklich erhoben: so folgt ferner von sich
selbsten, daß nicht nur der Landesherr, sondern auch
alle Landescollegia und Staatsbediente dessen ge=
naue Erfüllung stets vor Augen haben müssen, und
zu diesem Ende ein solcher Wahlvertrag öffentlich zu
jedermanns Kenntniß bekannt zu machen sey. iii)

Nütz=

---

iii) Vergleiche man hiebey, was Moser in s.
  Tract. von der teutsch. Reichsst. Landen im
  4. Buche 8 Kapit. §. 10 von der Verbindlich=
  keit

Nützlich, nothwendig, und eine weitere Folge ist
es, daß zugleich in einem eigenen Artikel eines solchen Wahlvertrages, nach dem analogischen Principium anderer Landesverträge, ausdrücklich verfü-
get

_____

keit der Landesverträge in Ansehung der
herrschaftlichen Collegien und Diener geschrieben hat.

Moser schreibt an einer andern Stelle
in diesem Tract. (4 B. 3 Kapit. §. 1. u. 2)
„Es giebt verschiedene Arten von Landesverträgen, die zwar dem äußerlichen Ansehen und derer Namen nach etwa von einander
unterschieden seynd, in der That selbsten aber,
und dem Wesen nach, im Grund miteinander
übereinkommen." Hierauf äußert er seine Meinung über die Wahlkapitulationen in den folgenden Worten: „Die Wahlkapitulationen der
geistlichen Reichsstände gehören nur alsdann
hieher, wann die Landstände selbige mit haben
errichten helfen, oder wann eine beständige Capitulation in einem Stifft errichtet, und als
ein Landgrund-Gesetz angenommen worden ist:
wie z. B. zu Osnabrück, Naumburg ꝛc. Wann
hingegen dergleichen Capitulation nur zwischen
dem neuerwählten Stiffts-Haupt und dem Domkapitel eingegangen worden ist, ja wohl gar
vor den Landständen und dem Land geheim gehalten wird, (wie insgemein geschiehet;) so
kann man sie auch nicht in die Zahl der Landesverträge rechnen." Bey meinen Unterstellun-
gen wird und kann niemand zweiflen, daß so
geartete Wahlverträge in die Klasse der Landesverträge zu setzen, also auch die moserischen
Anmerkungen von der Verbindlichkeit der Landesverträge in Ansehung der herrschaftlichen
Collegien und Diener hier durchaus anwendbar
seyn.

get werbe, daß den landesherrlichen Collegien und Dienern vom Kabinete nichts wider-deſſen Innhalt angeſonnen noch befohlen, noch weniger aber dieſem gemäs und in geziemendem unterthänigſtem Reſpecte gemachte Vorſtellungen zum Verbrechen angerechnet werden. Der ſchon ſo oft angeführte, vom kaiſerl. Hofe beſtätigte, und auf erlebte Erfahrungen gegründete würtembergiſche Erbvergleich von 1770 könnte auch hierinnen wieder zum Beyſpiele und Muſter dienen. kkk).

Eine patrio-
tiſche Volks-
bitte.

Ausgezeichnet war der Entſchluß des mainziſchen Domkapitels, und des erſten Kapitels in Teutſchland ſehr würdig, das Erzſtift durch eine perpetuirliche Kapitulation zu beglücken, welche, wenn ſie gleich durch die Zeitumſtände mancher Verbeſſerung, manches Zuſatzes fähig bleibt, doch ſtets einerley Hauptinnhaltes, ſtets gleichen Endzweckes bleiben muß. Dieſes Unternehmen fällt in einen Zeitraum, wo man den groſſen Nutzen nicht mehr verkennt, den eine gut geleitete Publicität auf alle Beziehungen der Staatsverhältniſſe haben kann. Wenn ein Herzberg auftritt, und jährlich ein compte rendu, nicht dem Könige, ſondern dem Volke vorgelegt, wenn der Einzige unter allen es es nicht unter ſeiner Würde hielt, den Entwurf ſeines Geſetzbuches zur genauen Prüfung ſeinem Volke und

kkk) Claſſ. I grav. I §. 3 u. 4. Ferner: Claſſe I ad grav. 3 §. 8.